民國文化與文學^{研究文叢}

研究文叢

四編　南京大學特輯

李怡　沈衛威　主編

第 11 冊

北平淪陷時期散文研究

程天舒 著

國家圖書館出版品預行編目資料

北平淪陷時期散文研究／程天舒 著 -- 初版 -- 新北市：花木蘭
文化出版社，2014〔民 103〕
目 2+130 面；19×26 公分
（民國文化與文學研究文叢 四編；第 11 冊）
ISBN 978-986-322-805-9（精裝）
1.散文　2.中國文學　3.文學評論
541.26208　　　　　　　　　　　　　　　　103012906

ISBN-978-986-322-805-9

9 789863 228059

民國文化與文學研究文叢
四　編　第十一冊　　　　　　　ISBN：978-986-322-805-9

北平淪陷時期散文研究

作　　者　程天舒
主　　編　李怡　沈衛威
企　　劃　四川大學現代中國文化與文學研究中心
　　　　　北京師範大學民國歷史文化與文學研究中心
總 編 輯　杜潔祥
印　　刷　普羅文化出版廣告事業
出　　版　花木蘭文化出版社
發 行 人　高小娟
聯絡地址　235 新北市中和區中安街七二號十三樓
　　　　　電話：02-2923-1455 ／傳眞：02-2923-1452
網　　址　http://www.huamulan.tw 信箱 hml810518@gmail.com
初　　版　2014 年 9 月
定　　價　四編 12 冊（精裝）新台幣 20,000 元

北平淪陷時期散文研究

程天舒　著

作者簡介

程天舒，1983 年生，江蘇昆山人。2012 年 6 月畢業於南京大學文學院，獲文學博士學位。研究方向爲周作人及淪陷區文學。2012 年 7 月進入國家圖書館古籍部善本組工作。現爲國家圖書館館員。

提　　要

　　本文通過考察北平淪陷時期散文的基本面貌，清理這一特殊歷史時期散文創作的源流，描述新舊兩代作家建設現代散文文體的過程中，對古與今、東方與西方諸種文化資源的不同選擇，以及特殊政治環境下文體建設中蘊含的身份建構。

　　第一章旨在勾勒論題所處的文化場域的面貌，說明北平淪陷時期文化環境的特殊性，同時也強調其與戰前的連續性，並指出散文寫作在此間所處的位置。第二章以《朔風》、《中和》等刊物爲對象，考察北平淪陷區散文與現代散文傳統的關係。掌故文章在「文」與「史」之間的搖擺，是與學術文章聯繫緊密的傳統筆記「現代化」轉型的體現。第三章考察《燕京文學》、《輔仁文苑》等校園文學刊物，以及以林棲爲等人代表的校園作家，他們延續戰前「京派」塑造的何其芳「美文」傳統，還追摹英國 Essay 玄想之風，其創作可謂北京淪陷區散文一種可貴的嘗試。第四章主要考察淪陷區最重要的散文作家周作人。作爲淪陷時期「華北唯一作家」，周的地位固然源自新文學運動以來積累的文學名望，但出任僞職後，「周作人」這個名字逐漸成爲殖民統治的文化符碼。周作人以舊式筆記爲媒介，由沉默到言說，調和個體言說與國民身份之間的矛盾。

目次

緒　論

　　本文通過考察北平淪陷區散文寫作的基本面貌，清理這一特殊歷史時期散文源流，描述新舊兩代作家建設現代散文文體的過程中，對古與今、東方與西方諸種文化資源的不同選擇，以及特殊政治環境下，文體建設中蘊含的身份建構〔註1〕。

　　由於特殊的政治屬性，淪陷區文學長期被打入另冊，是現代文學研究中最薄弱的一環，以北平爲中心的華北淪陷區又是目前淪陷區文學研究中較弱的部分，因此，選擇淪陷時期與北平作爲本文論述的時間與空間，首先希望豐富現代文學歷史圖景，使一部分被冷落的作家與作品，在文學史書寫中重獲其應有的位置。

　　現代文學史研究中，人爲設置的三個十年的時間界限往往生硬地割斷文學事件內在的連續性，而依據政治屬性劃定的國統區、解放區、淪陷區的地域區分，更在共時的層次上進一步割裂文學環境的整體性，而淪陷區更被視作非我族類，隔絕於中國現代文學主潮之外。誠然，特殊的政治環境催生特殊的文學場域，淪陷區作家的寫作自有其特點。但即便激烈如「五四」也無法徹底斬斷新文化與傳統的聯繫，而政治軍事領域的劇變對文化思想又會有多大程度的影響？如果拋開意識形態偏見，正視淪陷區種種文化事相，即可明瞭身處國中異域的文化人，也希望抹去自身的「異類」色彩，而融入新舊文化傳統之中，求得安身立命之所。

〔註 1〕 1928 年 6 月，南京國民政府下令改北京爲「北平」；淪陷後，僞臨時政府又於
　　　　　1938 年改北平爲「北京」。爲求行文統一，本文論述涉及 1938 年之後的史事，
　　　　　仍使用「北平」這一稱謂。

　　另一方面，或因蘊含著傳統文化與古典寫作的巨大資源，散文是新文學中最快趨於成熟的文體，但也因此在新潮迭起的文壇屢遭指責。而三十年代的北平文人，在古典與現代間所做的豐富的文學探索，也面臨著革命文學的挑戰。當戰爭以一種殘酷的方式消解了左翼話語的壓力，日僞當局則大肆宣揚復古與東方文化，在這種存在巨大言說縫隙的畸形空間中，留居北平的散文作家又將如何拿捏尺度，在古今東西之間尋求現代散文的發展之道，他們的選擇與正在形成的新文學傳統又有多少聯繫，都是本文試圖解答的問題。

　　文學史的書寫自有其特殊的敘事體系，與非文學因素尤其是政治因素的結盟乃其中一大特點。北平淪陷區各行政、教育機構都曾被打上「僞」的恥辱標記，光復後傅斯年對僞北京大學的師生採取的嚴厲甄別政策，十餘年後仍能引起當事人的申辯〔註2〕。儘管對文學與作家不能直接冠以「僞」字牌號，但「落水作家」「漢奸文學」卻是同樣嚴厲的指責。1942 年，毛澤東《在延安文藝座談會上的講話》中，以周作人、張資平爲例，將他們稱作「爲帝國主義者的」「漢奸文藝」〔註3〕，更爲此後中國大陸對淪陷區文學與作家的定性一錘定音。

　　1949 年以後的中國現代文學史敘述中，抗日戰爭時期不同文學空間的文學史地位由其政治屬性決定，淪陷區文學往往被忽視或簡單帶過，王瑤的《中國新文學史稿》即是一例。直到 1987 年初版的《中國現代文學三十年》，淪陷區文學才得以在權威的文學史中佔據並非負面的位置。從 1980 年代開始，中國大陸學者就努力對文學史進行政治「袪魅」，淪陷區文學的研究也獲得了可能。1983 年張毓茂的《要塡補現代文學研究的空白——以淪陷時期的東北爲例》，開啓了大陸地區淪陷區文學研究的先聲〔註4〕。1993 年，《中國現代文學研究叢刊》推出「淪陷區文學研究專號」，其意義不僅在於集中展示學界在這一研究領域的成果，更是對這一研究的學術肯定〔註5〕。而在 1992 年底啓動，錢理群、黃萬華、封世輝主持的《中國淪陷區文學大系》，以「文學大系」

〔註 2〕參見梁實秋：《憶豈明老人・後記》，《傳記文學》（臺灣）第 11 卷第 3 期，1967 年 9 月。

〔註 3〕毛澤東：《在延安文藝座談會上的講話》，《毛澤東選集》第 3 卷，人民出版社，1991 年，第 855 頁。

〔註 4〕參見張毓茂：《要塡補現代文學研究的空白——以淪陷時期的東北爲例》，《中國現代文學研究叢刊》1983 年第 4 期。

〔註 5〕參見《中國現代文學叢刊》1993 年第 1 期。

這類中國現當代文學史中別具文化政治意味的出版形態，也暗示了淪陷區文學的政治合法性得到初步承認〔註6〕。

　　但在淪陷區文學研究領域，研究者們面臨的首要問題仍是為自己的工作謀求政治與道德的合法性〔註7〕。正如黃萬華在《中國淪陷區文學研究資料總匯》的「前言」中指出的，填補現代文學研究空白的史料價值，是研究者為自己的工作與研究對象「正名」的最初嘗試。如《中國淪陷區文學大系》的《例言》第一條就說：「為給中國淪陷區文學的教學與研究提供一套最基本的文學史料，特編輯本大系」〔註8〕。而對這套書系的正面評價也往往先從史料角度著眼，如同樣致力於淪陷區文學研究的張泉，稱其「為20世紀中國現代文學學科史料建設畫上了圓滿的句號」〔註9〕。隨著「正名」的初步成功，研究空間有所拓展，開始對淪陷區文學的獨特景象進行理論化的剖析探討，鄉土文學、通俗文學、女性文學是其中最受關注的三種形態〔註10〕，這固然與淪陷區文學特殊性有某種程度的契合，但也可能因過於強調特性，而忽略了其他有意義的現象與話題。

　　淪陷區文學研究的一大特點是區域性，按大陸地區三大淪陷區劃分，東北淪陷區文學研究最早起步，以作家研究和鄉土文學研究為主，日本學者的積極參與是其另一特點，如山田敬三與呂元明主編的《中日戰爭與文學：中日現代文學的比較研究》，就是集合中日兩國學者，以東北淪陷區文學研究為主的早期研究成果；伴隨著「張愛玲熱」的興起，上海淪陷區與「孤島」的獨特文化背景也引起學界關注，由於「現代性」、「左翼」、「都市」等關鍵詞與諸種文化理論的恰當使用，上海淪陷區文學研究在廣度和深度上都有長足

〔註6〕 這套書系的出版當然不是一帆風順，由正式策劃到最終面世，其間經過六年時間，這個時間跨度不僅因為史料搜尋的困難，也源於尋求出版中遭遇的困境，參見錢理群：《找回失落的文學世界——答〈南方文壇〉記者問》，《南方文壇》1999年第5期。

〔註7〕 比如煞費苦心為淪陷區作家不能正面描寫抗戰題材尋找解釋，參見曲偉為《中國淪陷區文學研究資料彙編》寫的《總序》，彭放主編：《中國淪陷區文學研究資料彙編》，黑龍江出版社，2007年。

〔註8〕 《例言》，封世輝編著：《中國淪陷區文學大系·史料卷》，廣西教育出版社，2000年，第12頁。

〔註9〕 張泉：《二十世紀中國新文學史料建設的圓滿終結——〈中國淪陷區文學大系〉評價》，《中國現代文學研究叢刊》1999年第3期。

〔註10〕 參見黃萬華：《前言》，彭放主編：《中國淪陷區文學研究資料彙編》，黑龍江出版社，2007年。

的發展，如黃心村的《亂世書寫：張愛玲與淪陷時期上海文學及通俗文化》。
另一方面，對上海淪陷區與「孤島」時期的文學史料也有較全面的發掘整理，
如涂曉華的《〈女聲〉雜誌研究：上海淪陷時期婦女雜誌個案考察》〔註11〕，
以及華東師範大學的一批博碩士論文。相對而言，華北淪陷區文學研究較爲
薄弱，整體研究以張泉的《淪陷時期北京文學八年》及《抗戰時期的華北文
學》爲代表。此外較多的是作家研究，比如袁犀、梅娘、吳興華。近年來則
增加了對「漢奸」作家的關注，如周作人、沈啓無。一批年輕學人對周作人
這一時期的散文寫作與思想變化有著「索隱」般的細緻解讀，如袁一丹的《知
堂表彰禹稷臆說》〔註12〕，李雅娟的《淪陷時期的文章與思想——〈古今〉、
〈藝文雜誌〉與周作人》〔註13〕。

　　臺灣地區劉心皇的《抗戰時期淪陷區文學史》是首部中文的淪陷區文學
史，但作者的主旨是寫一部存史蹟、辨忠奸的現代「貳臣傳」，將淪陷區公開
發表文字者，都判作「落水作家」。姑且不論道德教條的偏見，僅就以人爲綱
的寫作方式而言，固然提供了一些作家的生平資料，但難免忽略了文學作品
的探討。因此本書的主要價值在史料層面，但材料中的謬誤與疏漏使得這一
價值也十分有限。

　　美國學者耿德華（Edward Gunn）的 *Unwelcome Muse：Chinese literature in
Shanghai and Peking, 1937~1945*，儘管與劉著同樣出版於 1980 年，但無論立
意還是方法，都更具備優秀學術研究的基本素質。作者坦言無意討論「文學
的社會作用或者作家們在道義上所處的窘境，而是要以批評家的眼光作出正
確的評價，目的在於把這一特定歷史時期的文學納入中國現代文學史和文學
批評的主流中去。」〔註14〕以局外人的超脫立場，借助西方學界研究中國現
代文學的理論話語，以「浪漫主義」、「傳統主義」和「反傳統主義」爲構架，
對作家進行整體研究，側重分析各種體裁——尤其是戲劇與散文——的藝術
構成。儘管在史料方面有所欠缺，西方學術話語和淪陷區文學實際狀況也難
免脫節之處，但本書仍是目前最優秀的淪陷區文學史。

　　日本學者木山英雄的『北京苦住庵記：日中戦争時代の周作人』，則是當

〔註11〕北京大學博士學位論文，2005 年。
〔註12〕《中國現代文學研究叢刊》2010 年第 1 期。
〔註13〕北京大學碩士學位論文，2005 年。
〔註14〕〔美〕耿德華著，張泉譯：《被冷落的繆斯——中國淪陷區文學史（1937~
　　　　1945）》，新星出版社，2006 年，第 2 頁。

下最重要的淪陷區作家個案研究。該書初版於 1978 年，又因材料的增加與作者本人研究的發展，於 2004 年再版時補充了注解與附錄論文。本書的寫作有著充足的情感動機，即回應周作人尋求中日之間理解之道的失敗嘗試，「試圖盡可能貼近他的立場而對事件的整個過程予以重構，以安慰那失敗的靈魂」，同時也明確意識到「作爲日本公民而負有侵略戰爭之共同責任的立場」〔註 15〕。作者以「事件史」與「精神史」相結合的方法，加以日本學者擅長的考據工夫，對時代、國族、文化與個人之關係，做了綿密而深入的考索。

　　1994 年出版的張泉的《淪陷時期北京文學八年》，是大陸地區北平淪陷區文學研究的開拓之作。作爲耿德華 *Unwelcome Muse* 的中譯者，張泉的部分論述與史料擇取明顯受耿著的影響，但相較於耿著，張著以廣泛的原始文本史料見長。是著出版時，尚處於爲淪陷區文學正名階段，因此書中有相當篇幅用於駁斥謬見與偏見。2005 年，張泉又有《抗戰時期的華北文學》付梓，儘管題爲「華北」，但論述仍以北平爲主，立論也延續《淪陷時期北京文學八年》，不同之處在於史料的擴充與論述範圍的擴展。對於北平淪陷區的散文，張泉認爲，這一時期的散文繁榮「虛有其表」，散文小品是初涉文學的青年們的首選，數量顯得較大；周作人的大名與作品頻頻出現在出版物上，造成散文繁榮的錯覺。「實際上，散文的水準和影響在當時都不很大，只是在華北文壇剛從死寂轉入復蘇期時曾一度較爲突出。」散文「一度流行」的原因，一是報刊提倡散文小品，營造了寫作風氣，二是對初學寫作者來說，散文容易成文，對成熟作者而言，散文可以避開尖銳的社會政治現實。

　　除了一般淪陷區文學研究面臨的政治與道德難題〔註 16〕，淪陷區散文研究還面臨著另一重困境，那就是中國現代散文研究本身的不足。比起其他文學體裁，現代散文研究依舊因襲著陳舊的文類劃分與價值判斷。1930 年代的左翼文學批評爲散文研究話語奠定了基調，其影響綿延至今。目前優秀的散文研究多以個案爲主，以文本分析見長，而整體研究較難擺脫成見，鮮有新意。這一現象很可能源於理論話語的缺失，西方學界很少專門的散文理論，

〔註15〕〔日〕木山英雄：《致中文版讀者》，〔日〕木山英雄著，趙京華譯：《北京苦住庵記：日中戰爭時代的周作人》，生活・讀書・新知三聯書店，2008 年，第 1 頁。
〔註16〕如俞元桂主編的《中國現代散文史》討論四十年代散文時，對淪陷區散文未置一詞。

中國學者也就少了一大借力，儘管也有學者嘗試自行建構專門的散文理論體系，但大多只是不堪推敲或毫不實用的空中樓閣。

相應地，淪陷區散文研究，往往只是將一般散文研究的預判與既成結論照搬到淪陷區，結合一些淪陷區的特殊現象，做一種簡單的加法。比如徐迺翔、黃萬華的《中國抗戰時期淪陷區文學史》，根據地域和文類體裁分章敘述，沿用「知識小品」、「記述的小品文」、「論說的小品文」等分類，分析散文的文化形態與反抗意識。

謝茂松、葉彤與錢理群為《中國淪陷區文學大系散文卷》寫作的導言，能夠將淪陷區散文置於新文學傳統中，並對散文作品的文化與審美意義進行客觀的評價，也提及了北平與上海散文的風格差異。耿德華身為西方學者，避免了大陸文學史話語的拘束，將周作人、紀果庵、文載道並列，鮮明地指出了淪陷區散文對傳統的復興。這些研究成果中的重要結論，比如淪陷區散文重視個人的生命體驗，將日常生活納入審美視域，重新發現歷史、自然等，成為此後淪陷區散文研究的主要話題。

范衛東的《論抗戰時期中國散文創作中的自由精神（1937～1945）》﹝註17﹞，將抗戰視作文學階段，通過考察國族自由與個人自由之關係，分析散文作家的自由精神。認為淪陷區散文的價值主要體現在「政治壓抑下對生命自由的感悟和咂摸」，進而肯定淪陷區散文與國統區散文有相通之處﹝註18﹞。王鵬飛的《「孤島」時期文學期刊研究》﹝註19﹞，有專章討論「孤島」的特殊時空下，「西洋雜誌文」這一現代散文文體的新嘗試。對北平淪陷時期散文的專門研究，目前僅見曹鈴的《孤獨者的夜歌——論北平淪陷區校園散文的詩化傾向》﹝註20﹞，以北平淪陷時期的校園散文為研究對象，立論主要沿襲《中國淪陷區文學大系散文卷‧導言》「詩化散文」的觀點。

本文首先睹勒論題所處的文化場域的面貌，說明北平淪陷時期文化環境的特殊性，同時也強調與戰前的連續性，並指出散文寫作在其間所處的位置。相較於 1920 年代末另一次文化人南遷，大規模國家戰爭造就了更加貧瘠的文化荒漠。但滯留北平者對這座城市仍保有「文化城」的想像。但實際上，此

﹝註 17﹞ 南京師範大學博士學位論文，2007 年。
﹝註 18﹞ 范衛東：《論抗戰時期中國散文創作中的自由精神（1937～1945）》，南京師範大學博士學位論文，2007 年，第 16 頁。
﹝註 19﹞ 華東師範大學博士學位論文，2006 年。
﹝註 20﹞ 北京師範大學碩士學位論文，2008 年。

時的北平，無論是文化還是文學，都有政治化的傾向，非常態的社會政治環境導致文學場域的權力流動，造成不自然的文學群體分佈。儘管日本在侵華戰爭中特別重視思想宣傳與文化統制，對輿論宣傳與文化出版都有嚴格的控制。但其內部存在著政治權力的制衡與衝突，不同的權力集團也影響著北平文壇的權力與資源分佈。由文學報國會三次大東亞文學者大會與兩次大東亞文學獎，是官方對文學進行政治規誡的集中體現，更昭示著各種文體在政治化的文壇喪失獨立文學品格的危險。

　　第二章首先以北平淪陷後出現的第一種散文刊物《朔風》為對象，考察北平淪陷區散文與現代散文傳統的關係。面對讀者來信建議提倡幽默時，《朔風》編者明確表示拒絕，不僅是意識到此舉不合時宜，也延續了「京派」對小品文幽默風格的審美判斷，《朔風》為代表的散文可謂是「去幽默化」的小品文。而中國傳統筆記也未另一批作家提供了學術文與掌故筆記這兩種表達方式。在周作人轉向筆記尋求散文資源的同時，淪陷時期北平的報刊中也盛行著另一種筆記——掌故文章，民國掌故大家瞿兌之與徐一士編輯的《中和》，是此時北平文壇一種最重要的掌故刊物，不過，與滬上的文史半月刊《古今》相比，《中和》具有更濃重的學術氣質，掌故文章在「文」與「史」之間的搖擺，是與學術文字聯繫緊密的傳統筆記「現代化」轉型中的必經的歷程。作為「苦雨齋弟子」中資歷最淺者，沈啓無的文學名望源自《近代散文抄》，此書的編選與出版完全依附於周作人的《中國新文學的源流》，淪陷後，沈啓無首先依靠周作人謀取偽北大文學院中國文學系系主任的職務，並以偽北大文學院集合了一群年輕作家，與日本文學報國會與華北作家協會合作，希冀獲取更大的文化權力，《大學國文》的編選，是沈啓無試圖脫離周作人建立的現代散文觀的嘗試，但他此時的文學觀念仍然不能超越周作人在淪陷後建立的文學話語。

　　第三章首先考察《燕京文學》與《輔仁文苑》等校園文學刊物。燕京、輔仁兩校因其教會背景，得以成為淪陷時期北平的「孤島」，在其蔭蔽之下的校園作家，相較於大多具備官方身份的「既成作家」，擁有較大的創作自由，也有著更加旺盛的創造力，在文學創作之外，還有大量譯作與文學批評。他們承襲戰前「京派」中人學院派純正嚴肅的文學觀念，散文創作，不僅延續戰前「京派」塑造的何其芳「美文」這一新傳統，還追摹英國 Essay。戰前即開始文學創作，可算「京派」青年作家的林棲，在淪陷時期的散文創作兼具

英國 Essay 玄想之風與中國小品精緻之美，是現代散文中一種可貴的嘗試。

第四章主要考察淪陷區最重要的散文作家周作人。作爲淪陷時期「華北唯一作家」，周作人以舊式筆記爲媒介，經由沉默過渡到言說，以克服散文家的個體言說與國民身份。他的巨大聲望固然源自新文學運動以來積累的文學名望與資本，但隨著出任僞職，他的名字卻成了殖民統治的文化符碼。1943年 4 月，周作人赴南京就任僞國府委員，游蘇州而未至上海，寧滬兩地的朝野文人彙集迎迓，堪稱淪陷區文壇「盛事」。詳細考索這一事件中各方言行與事後追述，不僅有助於清理當時南北文壇的複雜關係，也可借助滬上文壇的北平「想像」，從另一角度解讀北平淪陷前的文化面貌。與此同時，周作人被滬上文人塑造爲「思想家」，強調「思想」或可補現代散文之闕，但淪陷區特殊語境下的「思想」卻包含了太多政治意味。

第一章　北平淪陷區散文寫作的語境

第一節　從「文化城」到「空城」

　　作為新文化運動的發源地，北平曾彙集中國新文學草創期最重要的作家與知識人。但隨著政治革命的生成與現代化文學生產的展開，1920 年代中期以後，北方的新文化陣營開始南遷，上海成為中國現代文學中另一個重要場域，且因其「革命文學」的政治合法性，在後世的文學史論述中，常凌駕於北平之上〔註1〕。1930 年代初期，北平的文人群體發生新的聚合〔註2〕，以文學刊物的編發為基礎，生成了獨特的文學理念與創作形態。1933 年 10 月，沈從文的《文學者的態度》引發了平滬兩地作家的論爭，「京派」也在與「海派」的對話中生成，成為中國現代文學史上最重要的文學群體與創作現象之一。魯迅在《「京派」與「海派」》中諷「京派」為官的幫閒，但自國民政府南遷，空有歷史陳跡的「帝都」實際無官可幫，1930 年代的北平早已享有「文化城」的名號，「京派」的主體實際就是「北平的學者文人們」〔註3〕。

〔註1〕1949 年以後，中國現代文學史本身就是一種左翼話語，左翼文學自然在其中占絕對的主導地位。政治控制鬆動後，現代文學研究者構建三十年代文學史時，「左翼文學」仍是不可或缺的「現代文學主潮」，如曠新年的《1928：革命文學》，對上海地區文學活動的論述就遠遠超過對「京派」的考察。

〔註2〕對於這一聚合過程，高恒文在《京派文人：學院派的風采》的第一、二章中有詳盡論述。

〔註3〕魯迅：《「京派」與「海派」》，《魯迅全集》第 5 卷，人民出版社，1973 年，第 492 頁。

　　抗日戰爭爆發之前，北平彙集了北京大學、清華大學、北京師範大學、燕京大學等著名學府，吸引著全國各地的現代知識精英與青年學生。以 1932 年國民政府教育部的統計爲例，該年度北平共有專科以上在校學生 12221 人，占全國總數的 28.6%〔註4〕；不僅如此，1932 年的北平人口數爲 1500231，每萬人中就有大學生 81 人〔註5〕，而此時全國平均每萬人中僅有大學生 1 人〔註6〕，北平城的「文化比重」由此可見一斑。由大學校園與眾多學術研究團體構成的學院空間，與北平的文學空間相重疊，形成了以大學師生爲文學主體的文化城。對 1930 年代的文學史描述中，「京派」往往佔據重要的一支，而北平不僅是「京派」的背景，在「京派」文學圖景中更有其獨立的美學品格。偌大的北平固然有著豐富的面相，已有論者試圖從不同角度描述古城的激進面貌〔註7〕，但對左翼青年與革命文學的文學史敘述，其價值更多的是「補史之闕」，「文化」與「古城」仍是描述北平時最常用的標籤〔註8〕。

　　盧溝橋事變後，宋哲元於 7 月 28 日離開北平，二十九軍也於次日全面撤退，日軍由此進佔北平。7 月 30 日，日軍組織成立北平治安維持會，由江朝宗但任會長。8 月 6 日，僞北平市政府成立，仍由江朝宗任市長。8 月 26 日，張自忠轄下的國民黨第七集團軍與日軍鏖戰半月後，終因孤立無援而撤退。8 月 27 日，日軍扶植的僞華北人民自治會成立，王克敏任會長。12 月 14 日，與日軍攻佔南京遙相呼應，僞中華民國臨時政府在北平成立。12 月 24 日，由華北方面軍特務部策劃的僞中華民國新民會成立。不到半年時間，日本軍隊

〔註 4〕參見教育部高等教育司編：《二十一年度全國高等教育概況》，1934 年，教育部編纂：《二十一年度全國高等教育統計》，商務印書館，1935 年。北平專科以上在校學生總數及所佔全國人數百分比，爲本人依據這兩種統計計算而得。

〔註 5〕1932 年北平人口總數參見《北平市民國元年來戶口統計表》，北平市政府公安局編：《北平市政府公安局戶口統計》，1936 年，第 1 頁。北平每萬人中大學生人數爲本人計算數據。

〔註 6〕參見教育部編纂：《二十一年度全國高等教育統計》，商務印書館，1935 年，第 2 頁。

〔註 7〕參見馬俊江：《二十世紀三十年代北平小報與故都革命文藝青年——以〈覺今日報·文藝地帶〉爲線索的歷史考察》，北京大學博士學位論文，2009 年。

〔註 8〕1936 年，《宇宙風》第 19 至 21 期刊載三輯「北平特輯」，並以此爲基礎選輯出版了《北平一顧》，內中文章大致可以代表 1930 年代文化界對北平城市形象的體認。當代學者對民國北平的考察也以「文化」爲最主要的關鍵詞，可參看趙園：《北京：城與人》，高恒文：《京派文人：學院派的風采》，季劍青：《三十年代北平的文化生產》，陳平原、王德威主編：《北京：都市想像與文化記憶》。

在北平的殖民統治已初步成型。至此，「一個女神王后般美麗尊嚴的城市，在蹂躪侮辱之下，憮然地死去了。」〔註9〕

不過，「九一八事變」後，儘管中日雙方在華北摩擦不斷，但總能通過談判暫時緩和危機，因此，盧溝橋事變初起時，身處北平的學院中人與一般市民一樣，大多抱有和平解決事端的希望。即便是地處城外，形勢相對更危險的清華大學，其教務長潘光旦、秘書長沈履，也於7月10日向身在上海的校長梅貽琦發去電報，稱「連日市民、學校均鎮靜，各方安，乞釋念。」〔註10〕像聞一多那樣早早攜家人離平者〔註11〕，尚屬少數。直到7月29日日本軍隊進駐北平後，文化人才開始大批撤離，如8月12日一天之內，就有沈從文、楊振聲、梅貽琦、葉公超、周培源、朱光潛、錢端升、張奚若、梁宗岱等北大、清華教授結伴離平〔註12〕。

9月10日，國民政府正式發出第16696號令，決定以北平大學、師範大學、北洋工學院、北平研究院等院校與學術機構為基幹組成西安臨時大學；以清華大學、北京大學、南開大學為基幹，組成長沙臨時大學。北平的國立大專院校開始正式南遷，滯留北平的大學師生也隨之大量撤離，如潘光旦與陳福田、沈履等清華教授，於9月16日啓程離京。11月，北大的鄭天挺、羅常培、魏建功等離京南下。此外，由於戰事爆發時正值暑假，許多返鄉度假的學生也放棄回平，直接轉往其他學校借讀，如燕京大學本科生張芝聯，盧溝橋事變後從上海轉往武漢大學借讀，因武漢大學內遷又返回上海光華大學完成本科學業〔註13〕。國民政府要求助教以上隨校搬遷，因此除了隨校遷移的師生，也有教員脫離學校單獨離平，如廢名因講師身份未能隨北大一同撤退，曾一度寄居喇嘛廟，1937年11月返回湖北黃梅老家。到1937年年底，北平有聲望的新文學作家僅剩周作人與俞平伯，「京派」的主幹份子也只留下

〔註9〕　冰心：《默廬試筆》，卓如編：《冰心全集》第3卷，海峽文藝出版社，1994年，第171頁。

〔註10〕　清華大學校史研究室編：《清華大學史料選編》第3卷（上），清華大學出版社，1994年，第1頁。

〔註11〕　聞一多於7月19日離平南下，參見聞黎明、侯菊坤編：《聞一多年譜長編》，湖北人民出版社，1994年，第501頁。

〔註12〕　參見吳世勇：《沈從文年譜》，天津人民出版社，2006年出版，第194頁。常風在抗戰勝利後寫作的文章中回憶了8月12日當天去車站送行的場景。參見常風：《一個知識階級的心理演變》，《大公報·文藝》，1945年12月16日。

〔註13〕　參見張芝聯：《五十五年前的一次嘗試》，《讀書》1995年第12期。

年輕的文學批評家常風。相對於戰前學院中人學術與文學並重的狀況，淪陷後滯留北平的文教界人士則以學者為主，新舊兼備，如北大留校四教授中的孟心史、馬幼漁，燕京的張爾田等人。學術研究與學術文章也成為知識界抵抗異國侵略的曲折手段。1941 年，沈兼士主持編集的《辛巳文錄初集》由文奎堂書店印行，收錄余嘉錫《太史公書亡缺補續諸篇考》、俞平伯《久要不忘平生之言解》、齊思和《勇德在中國古代思想上之地位及其變遷》、趙光賢《朝鮮史料中明季建州女真之社會生活》、單士元《清代起居注考》、周祖謨《古音有無上去二聲辨》等 17 篇文章，體現了學院中人保留中華文脈之苦心。

　　國立院校大規模撤離的同時，另有一批學校選擇了留守。中法大學、燕京大學、協和醫學院、輔仁大學，因其辦學主體有教會或外國機構等「國際關係」，在北平淪陷初期一度得以勉強維持。但隨著日偽統治加強控制與國際戰爭局勢的演化，中法大學因抵制 1938 年的「剿共滅黨運動周」，遭到日偽方面的迫害，於 1939 年內遷雲南昆明。燕京大學與協和醫學院都在太平洋戰爭爆發後被迫關閉。只有羅馬教廷支持辦理的輔仁大學堅持到抗戰勝利，此外，規模較小的私立學校華北大學在也戰爭期間停辦，而戰前曾聚集大量左翼師生的私立中國大學，淪陷後主動改變左派姿態，在校長何其鞏的斡旋之下也得以維持至戰爭結束。戰爭期間，這些學校因其與日偽無涉的獨立辦學品格，成為民族意識強烈之師生的「避難所」，學校規模與辦學質量反而得到相當的發展，如輔仁由原來的文、理、教育及一個美術專修科，擴展為文、法、理、教育、神學及女子學院，並附設有研究所、中學、小學、幼稚園的教育系統，學生數量也由三四百人增至兩千多人。

　　另一方面，隨著偽政權的組建，日偽也在北平著手建立具有奴化教育功能的高教系統。1938 年，日偽對北平留存的部分教育機構予以拆分合併、改造重組，「恢復」了「國立北京大學」、「國立北京師範學院」、「國立北京女子師範學院」、「國立北京藝術專科學校」，以及「北京市立體育專科學校」。「國立北京師範學院」和「國立北京女子師範學院」分別由原國立北平師範大學和原北京大學女子文理學院「改組」而成。兩校於 1938 年 3 月成立後，於 4 月 4 日同時舉行開學典禮，並於 11 日正式上課。1941 年 11 月 2 日，偽華北政務委員會又將這兩所高校合併為「國立北京師範大學」，下設文、理、教育 3 個學院，共 14 個系，由偽教育部次長黎世蘅任校長。北平淪陷時期最重要的「國立」院校「國立北京大學」，則以原國立北平大學、北京大學、清華大

學和交通大學（北平鐵道管理學院部分）為基礎，分文、理、法、醫、農、工 6 個學院。1938 年 5 月 10 日，醫學院和農學院先行「恢復」；同年 7 月和 8 月，又分別成立工學院與理學院；同年 11 月 28 日，偽教育部長湯爾和兼任「國立北京大學監督」；1939 年 1 月，偽北京大學設立了總監督辦公處，並於當月 14 日宣佈「國立北京大學」正式成立；同年 4 月，「監督」改稱「校長」，文學院也於當月成立；法學院則遲至 1941 年 8 月才得以開辦〔註 14〕。

此外，為培植具備某些專門知識的漢奸以供驅使，日偽還開設了一批教育培訓機構，由偽華北臨時政府教育部名義設立的學校有：1938 年 3 月開辦的外國語專科學校，專門培養外語「人才」；1938 年 4 月成立的「部立中等教育師資講肄館」，專門培養奴化教育的師資力量；偽華北政務委員會教育總署曾辦中華新聞學院，培植親日的新聞從業人員。漢奸組織新民會於 1938 年 1 月開辦的新民學院，其建制明顯倣仿偽滿洲國協和會創辦的大同學院，是純粹的漢奸教育機構，旨在為偽政權培養行政官員。這批教育機構，因其「官辦」的漢奸色彩，很難招徠學生。日偽掌控下的「官辦」院校中，僅偽北京大學與偽北京師範大學較具規模。

與寧可入私立學校也不願就讀「官辦」學校的學子一樣，滯留北平的學者文士也盡量在燕京、輔仁、中國大學謀求教職。「苦住」北平的周作人最初在燕京大學執教，據李霽野回憶，周氏還曾試圖通過沈兼士在輔仁大學求職〔註 15〕。俞平伯因侍奉雙親未隨清華南遷，1938 年被聘為私立中國大學國學系教授，從此在該校任教直至抗戰勝利，1943 年還被聘為國學系主任。但這些學校的職位畢竟有限，顧隨的書信就披露了當時為謀求教職而奔走的窘迫狀況，1942 年 7 月 4 日致騰茂椿信中敘述，為暑假後續訂聘約，拜訪中國大學校長何其鞏，第二天還要晤談中國大學中文系主任孫楷第，自比陶淵明「饑來驅我去，不知竟何之」〔註 16〕。1943 年 2 月 10 日致信周作人：「比來弟子月入大減，事不煩，固大佳，惟食少難堪耳。頃舍弟又失業歸來，負荷益重。」請求周作人為其弟在北平圖書館設法謀職〔註 17〕。而對於較年輕的學者與淪

〔註 14〕參見余子俠：《日偽統治下華北淪陷區的高等教育》，《近代史研究》2006 年第 6 期。

〔註 15〕李霽野：《關於周作人的幾件事》，《文藝報》1992 年 7 月 4 日。

〔註 16〕顧隨致騰茂椿，1942 年 7 月 4 日，《顧隨全集》第 4 冊，河北教育出版社，2001 年，第 473 頁。

〔註 17〕顧隨致周作人，1943 年 2 月 10 日，《顧隨全集》第 4 冊，河北教育出版社，2001 年，第 468 頁。

陷時期的大學畢業生而言，求職的情況更加艱難，許多人不得不在中小學教課。常風在淪陷後就在中學任教，直到俞平伯任中國大學國學系主任後，才獲得中國大學的教職。偽北京大學文學院成立後，沈啓無得以在此邀集一批青年作家，如杜南星、朱英誕、李道靜、李曼茵等人，固然有文學理念的趨同之處，也有生活重壓的助力。

至此，隨著文化人數量銳減，學院空間的大幅萎縮，北平淪陷後已不復「文化城」之面貌，滯留北平的少數文化人主要集中於燕京大學、輔仁大學、中國大學和偽北京大學，以燕京、輔仁兩校爲主構成北平淪陷時期的學院「孤島」，「京派」的學院派文學理念與創作也困守其中。有趣的是，此時困守危城者，對北平仍保有「文化城」的認同。淪陷初期，日人渚橋轍次在北平爲日僞物色「師範大學」校長，曾訪問三位原任北京大學教授的候選人，這三個人儘管立場不同，卻都拒絕與日本方面合作，兩位拒絕者的理由都是戰爭時期不應侈談「文化工作」，而另一人最初同意出任校長，理由也是維持北平的「文化」〔註18〕。淪陷時期，「文化」始終是各色人等進退隱顯之藉口，而日僞政權也在刺刀護衛下展開了嚴苛的思想文化控制。

一、日僞當局的文化統制

侵華戰爭中，日本特別重視「思想宣傳戰」與文化工作。1937 年 4 月 16 日由外務、大藏、陸軍、海軍四大臣決定的《指導華北的方針》中，特別提出要「專心致志於進行旨在使華北民眾安居樂業的文化工作和經濟工作」，「在進行華北的文化措施和經濟開發時，應竭力採取開放的態度」，儼然將文化與經濟工作視爲同等大事〔註19〕。也是在 1937 年，日本國內開始出版大量「思想宣傳戰」的相關論著，政府內閣情報委員會（後升格爲日本內閣情報部）也制訂了一系列具體的宣傳政策，以加強戰爭煽動與宣傳。這些宣傳的特點在於，不僅製造理論根據將戰爭「正當化」，更將戰爭「文化化」，如丸山學《大陸的思想戰》，將侵華戰爭闡釋爲日本文化與英美的商業文化和蘇維埃的共產文化的對抗。侵華戰爭全面爆發後，日本政府也積極制定戰爭宣傳的具

〔註18〕渚橋轍次：《支那的文化與現代——新支那建設和文化工作》，參見王向遠：《日本對中國的文化侵略——學者、文化人的侵華戰爭》，崑崙出版社，2005 年，第 232～234 頁。

〔註19〕參見復旦大學歷史系編譯：《1931～1945 日本帝國主義對外侵略史料選編》，上海人民出版社，1983 年，216～218 頁。

體措施。1937 年 7 月 22 日，情報委員會提出《關於北支事變的宣傳實施綱要》。北支那方面軍參謀本部於 1940 年 5 月出臺的文件《極密‧在華北的思想宣傳戰指導綱要》，「就『思想戰』的各個方面，如宣傳、教化、民眾組織、情報搜集、對中共等抗日『思想策動』團體的剿滅、對抗日集會、結社、言論、著作的取締等等，都分章節做了具體的部署和規定。」〔註 20〕

相應地，日本侵略者對於佔領區的輿論宣傳與文化出版活動，也予以高度重視。隨軍組織宣撫班最能體現日本軍隊重視宣傳煽動的特點，1937 年 7 月 22 發佈的《華北方面軍佔領地區治安維持實施要領》說明，宣撫班隸屬於軍特務部長，負責「報紙、廣播、傳單、講演等有關治安工作的宣傳」，這種宣傳是「貫徹始終的堅強有效的宣傳」〔註 21〕。每佔領一地，宣撫班就以演說、唱歌、發傳單、辦報紙等手段，宣傳「日華提攜」、「共同防共」等侵略口號，粉飾侵略戰爭的合理性，此外還幫助組織地方維持會等傀儡組織。

1937 年 12 月 24 日，僞中華民國臨時政府成立後僅 10 天，華北方面軍司令部就在北平成立了新民會。新民會以僞滿協和會爲樣板，是「以華治華」的漢奸機構，「在最初原擬成爲思想教化團體」〔註 22〕，日軍希望借其安撫民心，宣傳殖民思想，以造成一個「由眞正的日中合作思想控制的華北」〔註 23〕。新民會也確實擔當了幾乎一切宣傳活動：通過各分會、青年團、少年團、婦女會，以及各會舉辦的講習班、訓練班，新民會系統的《新民報》、《新民周刊》、《新民月刊》等報刊，開展系統的灌輸宣傳。在農村設立農村自治講習會、建設輔導委員會等機構〔註 24〕。在城市中則不僅設立新民電影院、新民茶館、閱報室，還利用酒館、咖啡廳、舞廳、劇院等公共娛樂場所，利用講演、演劇、歌唱、放映電影等方式進行奴化思想的宣傳教化〔註 25〕。

〔註 20〕 轉引自王向遠：《日本對中國的文化侵略——學者、文化人的侵華戰爭》，崑崙出版社，2005 年，第 187 頁。

〔註 21〕 日本防衛戰史室編，天津市政協編譯組譯：《華北治安戰》（上），天津人民出版社，1982 年，第 71 頁。

〔註 22〕 日本防衛戰史室編，天津市政協編譯組譯：《華北治安戰》（上），天津人民出版社，1982 年，第 194 頁。

〔註 23〕 日本防衛戰史室編，天津市政協編譯組譯：《華北治安戰》（上），天津人民出版社，1982 年，第 242 頁。

〔註 24〕 參見日本防衛戰史室編，天津市政協編譯組譯：《華北治安戰》（上），天津人民出版社，1982 年，第 192 頁。

〔註 25〕 參見北京市檔案館編：《日僞北平新民會》，光明日報出版社，1989 年，第 10 頁。

除了這類反動宣傳，日偽還設定嚴格的審查制度與出版法規與，大肆搶佔出版資源，建立殖民出版體系。中國派遣軍總司令部情報局和華北方面軍報導部以及各地日軍特務機關是日軍統制新聞出版業的主要機構。派遣軍總司令部情報局除了特別事項外，很少直接發表新聞，但有最高指揮監督權。與輿論宣傳及新聞統制有關的實際事務，則主要由日軍報導部負責辦理。偽組織方面，最初由偽臨時政府情報局管理新聞出版事業。1940 年南京偽國民政府成立後，專門設置宣傳部，直接管理電訊、廣播、新聞、書報發行出版，相應地，偽華北政務委員會也設置類似的宣傳機構，管理文化宣傳、新聞出版等事務〔註 26〕。日偽政權還利用《出版法》、《中央書報發行所章程》、《中央報業經理處章程》和《著作權法》等一系列反動檢查法規，實行出版文化專制，鉗制輿論，推行奴化教育。

日偽更進一步對原有出版機構和團體進行改組整合，控制設備和紙張的採購及出版宣傳，管理出版物的發行工作。同教育機構的合併改組一樣，日偽侵佔北平後，很快奪取了未遷移的中國報社的設備與資源，將其整合為新的具有漢奸色彩的新聞機構。如將原《世界日報》、《世界晚報》、《進報》改組創辦《新民報》，《新民報》是新民會總會的機關報，由日本人武田南陽任社長，以宣傳新民主義為宗旨，是淪陷時期最重要的「官方」報紙之一。戰前創辦的《全民報》也被接收改組為偽北平市政府的機關報，社長也由日本人擔任。其他如《晨報》、《實報》等既有報紙，也改頭換面，依附日偽宣傳政策，淪為日偽的宣傳工具。

北平的出版機構也因戰爭遭受重大打擊與影響。整個民國時期，北平曾有過 730 家出版單位〔註 27〕。淪陷後，戰前開辦者或搬遷或逐漸停辦，即使維持經營，出版規模亦大幅減少。淪陷時期北平存在過的圖書出版單位有：出版社 6 家，編譯館、編纂處 4 家，書社、書局、印書局、印書館 38 家，書店、古籍書店 19 家，學社、學會、協會、教會、社團 31 家，學術文教機構 16 家，報社、期刊社 17 家，印刷單位 7 家，共計 138 處〔註 28〕，淪陷時期北平出版業之衰頹由此可見一斑。不僅如此，紙張配給制度也是日偽鉗制出版

〔註 26〕 參見郭貴儒：《日偽在華北淪陷區新聞統制述論》，《河北師範大學學報（哲學社會科學版）》2003 年第 3 期。

〔註 27〕 參見北京市地方志編纂委員會編：《北京志·新聞出版廣播電視卷·出版志》，北京出版社，2005 年。此統計不包括上海等外地出版機構在京分支機構。

〔註 28〕 詳情參見本書附錄一。

業的一大手段，「華北紙張統制協會業經正式成立，關於用紙之需供，刻正在全面之籌劃，據悉，今後紙張不依賴泊來品，因之強化現地生產，確立自給體制，正依計劃推進中。」〔註29〕1939 年 10 月 1 日，日偽在北平成立「華北文化書局」，作爲華北淪陷區的書報發行機構。該書局是依據華北侵華日軍多田部隊報導部關於設立宣傳用刊物配布網計劃。次年 8 月，日軍將該書局合併於武德報社內，成爲華北淪陷區的華文報刊的統制配給機關〔註30〕。

在這重重控制之下，北平的文藝出版物儘管在華北淪陷區居主導地位，但遠低於淪陷前的水平。根據封世輝統計，淪陷時期華北地區的文藝和以文藝爲主的雜誌與報紙副刊有 188 種，其中北平的出版物占三分之二〔註31〕，約 120 種。淪陷時期的北京新聞協會主辦的《北京新聞協會會報》，對北平出版的雜誌報紙也有統計：1940 年 1 月統計有 69 種，1941 年 3 月統計有 62 種，1942 年 7 月統計有 68 種〔註32〕。南京出版的《出版月報》1944 年對華北地區報刊的統計中，北平有中、日、英、法文報紙共 4 種〔註33〕，報刊 96 種〔註34〕。儘管沒有國民政府的報紙審查造成的「開天窗」現象，但幾乎所有文藝雜誌中都摻入了日偽政治、文化口號的宣傳文章，且從未出現過直接挑戰侵略者與偽政權的抵抗文字。

日偽儘管加強殖民統治，但其內部存在著諸種派系矛盾與權力制衡。這種衝突既影響了北平淪陷區的文學權力格局，也爲文學生長留下了意外的空間。姑且不論華北偽政權內部諸漢奸的勾心鬥角，即以日本侵略者而言，其殖民機構中就存在著不可調和的矛盾。1937 年到 1938 年，北支那方面軍第一任司令官寺內壽一大將在北平組織陸軍特務部，喜多誠一郎中將任特務部長，指揮各下級特務機關「指導」偽政權。但日本政府不滿於軍隊壟斷政治權力，外務省官員希望攫取殖民地的控制權，財閥們出於經濟利益的考慮，

〔註29〕《文化報導》，《中國文學》第 1 卷第 2 期，1944 年 2 月。

〔註30〕參見葉再生：《中國現代近代出版通史》第 3 卷抗日戰爭時期，華文出版社，2002 年。

〔註31〕封世輝：《華北淪陷區文藝期刊鈎沉》，《中國淪陷區文學大系史料卷》，第 581～585 頁。

〔註32〕《華北新聞雜誌一覽》，《北京新聞協會會報》第 8 期，1942 年 7 月。

〔註33〕《全國報紙分區調查——華北之部三十三年九月》，《出版月報》第 11 期，1944 年。

〔註34〕《全國雜誌分區總調查——華北之部三十三年九月》，《出版月報》第 11 期，1944 年。

也希望組織一個專門的行政機關，因此日本政府於 1938 年 11 月成立興亞院，負責在中國的政治、經濟及文化等有關事務，並制定各項政策及措施。總裁柳川平田中將以下的興亞院幹部，及各聯絡部長官與幹部，都由現役軍人出任，但部長一級幹部有大藏、商工省的官僚代表。因此興亞院內部存在著軍隊與其他部門，以及軍隊的陸、海軍部門之間的利益衝突與權力制衡。日本方面在北平設立北平興亞院的同時，為將特務機關由地下的謀略機關專為公開的權力機構，撤銷了特務部，但是北支那方面軍不滿於將政治、經濟等權力讓與興亞院，又在方面軍司令部增加了第四課，代表軍隊立場與北平興亞院一同實施殖民統治。由於北平興亞院沒有下級地方機機關，一切具體行政措施必須假借特務機關實施，而特務機關直接受第四課指揮，因此，北平興亞院看似手執權柄，實際工作中卻極易被第四課牽制。1941 年太平洋戰爭爆發後，大東亞省取代了興亞院，儘管行政職能相似，但大東亞省在華北沒有現地機關，具體事務委託外務省的公使館、領事館處理。因此在公使館與領事館擔任大東亞省工作的人員，具有外交官與大東亞省調查官的雙重身份。儘管公使館在各地都有下級機構，但是對地方偽政權的控制大權仍歸於軍司令部與聯絡部，而非公使館下屬的地方領事館，因此大東亞省仍需借助第四課控制地方偽政權〔註 35〕。興亞院與華北駐屯軍的矛盾，在日後的北平文壇的群體聚合與資源爭奪中都產生了相當重要的影響。

二、日偽對北平作家的組織控制

日本政府 1942 年解散了國內各種文藝團體後，成立了全國性的文學組織日本文學報國會。該會包括 8 個文學部門，擁有四千多名會員，幾乎網羅了日本文藝界所有人員。日本文學報國會的成立，意味著日本國內的文藝界完全被納入戰爭體系，文藝作品徹底淪為服務於侵略戰爭的工具。而在中國佔領區，日本侵略者借偽政權之手，也企圖建立類似的文學組織，以便更好地控制與利用中國作家，使文藝為侵略戰爭與殖民統治服務。

北平淪陷初期，文學界處於「無組織」的渙散狀態。直到 1941 年 1 月，張鐵笙等人發起華北文藝協會，由此成立了北平淪陷後第一個較具規模的文

〔註35〕 參見園田慶幸 1952 年 6 月 29 日筆供，中央檔案館、中國第二歷史檔案館、吉林省社會科學院合編：《日本帝國主義侵華檔案資料選編 汪偽政權》，中華書局，2004 年。

學組織。在協會成立大會上，共有會員八十餘人到場，教育督辦周作人派代表劉家壎到場並代爲誦讀祝詞與訓詞，僞北大校長錢稻孫作爲來賓代表致詞。會上通過簡章、選舉委員，並特聘周作人等 11 人爲顧問〔註36〕，可算北平淪陷後首次「文壇盛事」。儘管沒有日本人直接參與，但主管報刊出版的情報局長管翼賢的出席，以及主管文化事業的教育督辦周作人的祝詞與訓詞，至少表達了僞政府方面對該組織的默許與支持。而作爲華北文藝協會的發起者與幹事長，張鐵笙與日本方面關係非淺：此前《中國文藝》主編張深切觸怒日本軍方被迫離職後，就由張鐵笙負責雜誌編輯；1942 年 9 月，華北作家協會成立後，張鐵笙出任副幹事長；1943 年，北平興亞院官員武田熙組織成立中國新文化建設協會，沈啓無任主任理事，張鐵笙任秘書長。日本侵佔北平後傾向於「以華治華」，新民會即是一例，據此或可大膽推測，由中國作家出面發起華北文藝協會，並刻意避免日本人的參與——如特聘北平各報社中國籍社長與總編輯爲名譽會員，也可能是日本在文藝界「以華治華」的謀劃策略。

另一方面，華北文藝協會沒有明確的文學主張，而是強調對作家的組織聯絡。如《成立致詞》中宣稱，組織這個協會的目的主要是爲作家提供聯絡交流的機會，「希望藉著這個機構，能使華北從事及愛好文藝的朋友們，得聯絡研究的寄託，並群策群力，在此新的時代之下，爲中國文藝前途，尋找一個新的光明和道路。」〔註37〕另一篇文章中儘管提出「爲人生的文藝」，但是闡述具體方法時，首先提出的卻是保障作家經濟生活的務實計劃，倡議提供文藝獎金、貸金活動與增加稿費〔註38〕。協會的百餘名會員亦「兼容並蓄」，包括傅惜華、徐凌霄、洪炎秋等戰前成名的作家文人，公孫嬿、林榕等嶄露頭角的年輕作家，陳愼言、張醉丐等通俗小說作家，袁笑星等出版人，乃至陸柏年這類左翼青年。側重組織文藝活動，網羅各界作家文人，都是日後官辦的華北作家協會的特點。因此至少可以推測，華北文藝協會是在日僞的默許下得以成立的，很可能是官方組織作家團體的初步嘗試。

〔註36〕《成立經過簡記》，《華北文藝協會會刊》創立專號，《中國文藝》第 4 卷第 1 期，1941 年 3 月。

〔註37〕《成立致詞》，《華北文藝協會會刊》創立專號，《中國文藝》第 4 卷第 1 期，1941 年 3 月。

〔註38〕蔣音頻：《做些甚麼和怎樣去做——對「華北文藝協會」的一點話》，《華北文藝協會會刊》創立專號，《中國文藝》第 4 卷第 1 期，1941 年 3 月。

　　1942 年 9 月 13 日，華北作家協會在北平飯店舉行成立大會。與華北文藝協會類似，華北作家協會從組織結構到人員構成都有「同業團體」的色彩，但相較於前者政治色彩明顯了許多。華北作家協會成立之初，就由華北政務委員會情報局資助 5000 元，武德報社資助 2000 元，新民會資助 500 元，從這一經費來源就可以看出，華北作家協會是由日偽直接參與籌組的，「就一級組織而言，它是一個忠實追隨當局的文化控制機構」〔註39〕。

　　1940 年 3 月 30 日，汪精衛主持的偽國民政府「還都」南京，在日本支持下，北平成立華北政務委員會取代偽臨時政府，華北與華中淪陷區在形式上達成「統一」，南北淪陷區的文學活動與文學刊物的交流也隨之增加。1943 年 1 月 9 日，汪偽政權對英美宣戰，加入大東亞戰爭，華東與華北淪陷區的文化控制活動達到高潮。汪偽政府為加強對文藝界的控制，需要有統一的文學組織。與此同時，華北與華中部分作家與文學活動家，企圖通過組建全國性的文學組織，謀求更多的文學權力。1942 年 12 月，華中淪陷區的周越然、柳雨生、周黎庵、陶亢德、潘序祖等人發起籌建「中國文化人協會」，該會「以建設純粹文化事業為目的」，「聯結中國文藝作家，集中力量，遵行國策，推進中國文化運動，發揚東方文化」〔註40〕，但沒有得到北方作家的響應，很快偃旗息鼓。1943 年 6 月 10 日，汪偽政府在南京召開最高國防會議的第十七次會議上，通過了汪精衛提交的《戰時文化宣傳政策基本綱要》，該綱要宣稱要為「促進大東亞戰爭之完遂」，「進而貢獻於新秩序之世界文化」，「動員文化宣傳之總力，擔負大東亞戰爭中文化戰、思想戰之任務」〔註41〕。此後，汪偽宣傳機關便圍繞「戰時文化」展開了一系列「宣傳」。所謂「戰時文化」，在「注重中國文化之再建以及東方文化之復興」的濫調下，實際還是將「一切文化活動都變成狹義的宣傳品」〔註42〕，為汪偽政府參加的「大東亞戰爭」搖旗吶喊。藉此東風，華北與華中部分作家與文學活動家，企圖通過組建全國性的文學組織，謀求更多的文學權力。1943 年 8 月 25 至 27 日，第二次大東亞文學者大會在日本東京舉行，會上決定在中國舉辦第三次大會。大會期間，北平、上海、南京等地的報刊刊登了詳盡的會議報導，以及與會中國作

〔註39〕 張泉：《淪陷時期北京文學八年》，中國和平文學出版社，1994 年，第 109 頁。
〔註40〕 《中國文化人協會籌備聲中》，《中華日報》1943 年 1 月 1 日，第 4 版。
〔註41〕 《戰時文化宣傳政策基本綱要》，《上海黨聲》第 1 期，1943 年。
〔註42〕 《戰時文化宣傳的推進》，《中華日報》1943 年 6 月 11 日，第 1 版。

家的紀行隨感文章。此後，又在加強介紹日本文學的同時，還重點宣傳日本文學報國會。以《中華日報》為例，1943 年 10 月 21 至 26 日，在其副刊連載何穆爾的《關於日本文學報國會》，1943 年 11 月 5 日發表留日學習的陶亢德的《記日本文學報國會》，詳細介紹日本文學報國會的組織結構，並宣傳其重要意義。輿論造勢之外，日本文學者報國會、華北與華中的部分作家，也已實際著手醞釀組織統一的文學團體。

第二次大東亞文學者大會期間，曾派駐中國的日本作家林房雄，與沈啓無就曾討論組建中國統一文學團體的計劃〔註 43〕。結束後不久，東京電訊社就有報導稱中國將組織一個統一性的文學團體，由周作人、錢稻孫、沈啓無、張資平、柳龍光和陶亢德籌備〔註 44〕。儘管張資平、陶亢德等人聲明未予其事，但也並非空穴來風。10 月下旬，參加第二次大會的華北代表柳龍光和沈啓無，由北平前往南京，名義上是向政府報告出席會議的經過，實際是與華中作家聯絡，商談南北作家聯合組建事宜，並公開發表溝通南北文化，「結成中國整個文學團體之意見」〔註 45〕。11 月 6 日，柳龍光、沈啓無向華中作家寄發電報，聲稱「吾等自此次第二屆大東亞文學者大會歸來之後，深感中國文學界亟需有一整個之組織，一以適應當前之戰時體制，一以為第三屆大會在中國召開之準備。」「現經多方奔走，已無問題，擬於本月十五日先成立籌備會，暫即訂名『中國文學報國會』。」〔註 46〕與此同時，日本文學報國會派遣訪華的作家，也在南北偽政權與作家間積極活動，推動這一團體的組建。11 月下旬，日本文學報國會事務局長久米正雄親赴北平、上海，為大東亞文學賞正副選的獲獎者主持頒獎，就在久米正雄滯留寧滬期間，柳龍光、沈啓無再次南下，參加汪偽政府在南京召開的「第二屆全國宣傳會議」，積極活動的南北文人與汪偽政府及日本文學報國會得以溝通聯合，「關於組織中國著作者協會案」、「關於強化戰時文化宣傳團體案」的提案也在「第二屆全國宣傳會議」上得以通過〔註 47〕。12 月 26 日，《中華日報》發表「中央社」消息：

〔註 43〕 參見林房雄：《新中國文學的動向——與沈啓無君的談話》，《中國公論》第 10 卷第 2 期，1943 年 11 月。

〔註 44〕 參見陶亢德：《關於統一文學團體》，《中華日報》1943 年 11 月 16 日，第 2 版。

〔註 45〕 《歡迎文學者大會兩代表》，《中報》1943 年 10 月 24 日，第 3 版。

〔註 46〕 陶亢德：《關於統一文學團體》，《中華日報》1943 年 11 月 16 日，第 2 版。

〔註 47〕 參見《二屆全國宣傳會議通過提案內容一斑》，《中華日報》1943 年 11 月 24 日，第 1 版。

自戰時文化宣傳政策綱要發表後，我國戰時文化建設問題，即漸爲各方所注意，現悉文學方面有關人士，正迅速著手準備，擬組織文學作家協會（假定名稱），蓋第三屆大東亞文學家大會，已定來年在我國舉行，故我國南北各地文學作家，即擬組織團體，設立全國性之協會，北平方面，北大文學系沈啓無等，華北作家協會柳龍光等，即曾有所協議，並有新民印書館蔣義方參加，決定取消現有機構，準備作將來作家協會之分會，且已推舉以上三人爲起草委員，著手起草協會草案，又上海方面，亦已於本月中旬，由周化人、周越然、陶晶孫、魯風、丘石木、柳雨生等舉行集會商談，文學報國會事務局長久米正雄，及阿部知二，與草野心平三氏，亦曾列席，協議結果，決定將於年內函約各方發起，在京集議，就華北方面所擬協會草案，加以檢討，決定規程後，即定明年一月舉行成立大會。國府宣傳部，因此事對於戰時文化宣傳政策綱要之推進，有甚大之補助，故決定予以最大援助。〔註48〕

結合陶亢德在《關於統一文學團體》中的陳述可以看出，「全國性之協會」的籌組中，北平的沈啓無與柳龍光積極參與其事，10月到12月，兩人頻頻南下聯絡南方作家，謀求汪僞政府宣傳部的官方認可。沈啓無、柳龍光與蔣義方提前起草的協會草案，似乎也獲得了南方作家、日本文學報國會，以及僞政府宣傳部的認可。

在華北作家協會的組織帶領下，北平文壇也已先行著手「統一」。1944年1月，北平淪陷後最重要的綜合性文學刊物《中國文藝》與華北作家協會原會刊《華北作家月報》合併改組，創辦發行新會刊《中國文學》。1944年2月3日，北平的中國新文化建設協會、華北作家協會、中國文化學會、華北漫畫協會、華北音樂協會，以及即將成立的中國新劇協會和中國新興美術協會，協同組成中國文化團體聯合會，錢稻孫任會長，柳龍光、范宗澤爲理事。這一系列舉措既是爲求適應「戰時體制」，更好地整合文學資源，同時也是爲南北文壇整合而做的準備。

2月15日，常駐南京汪僞政府的日本詩人草野心平、日本文學報國會派遣作家小林秀雄，與「中國文學會」上海方面籌備委員柳雨生、汪僞政府宣

〔註48〕《團結南北文化界　作家協會將成立》，《中華日報》1943年12月26日，第3版。

傳部特種宣傳司司長龔持平一同趕赴北平，商談籌備「中國文學會」事宜。
華北作家協會爲此於2月19、20日召開幹事會議，推舉陳綿、張我軍、尤炳
圻、傅芸子、柳龍光、張鐵笙、徐白林爲籌備委員，與南方作家協商成立除
臺灣、僞滿之外淪陷區統一的作家組織，但不同意華中方面提出的「中國文
學會」名稱，而將此組織定名爲「中國文學協會」。但南北作家的分歧不僅限
於組織命名，就像南京與北平兩個漢奸集團的貌合神離一樣，爲文學權力聚
合的南北作家，也因權力之爭而矛盾重重。

　　2月27日，華北作家協會主辦「關於組織中國統一文學團體座談會」，出
席者有小林秀雄、山丁、少勤、沈啓無、呂奇、辛嘉、林榕、柳龍光、袁犀、
陳綿、陳魯風、關永吉、蔣義芳。《中國文學》第2期刊登的會議記錄，清晰
反映了南北作家的分歧與華北作家協會的眞實意圖。作爲「中國文學協會」
的積極發起者，沈啓無在發言中稱：第二次大東亞文學者大會時，爭取在中
國舉辦第三次會議的主要是華北代表，柳雨生、陶亢德等華中代表則以「政
府沒有經費」爲理由表示反對。沈與柳龍光爲了協調，兩次去南方聯絡。而
對於「這團體在華北的機構」，則「我們早有以作協爲中心基礎之意」。而龔
持平來京，「在他的立場上有一種困難，因爲他一面是作家，另一面又是宣傳
部的司長，所謂二重身份，同時他這次到此有一點主意是打錯了，他以爲一
切進行，僅得某某個人一方面的支持就成了，而對於其他各方面，都缺少充
分的正式的聯絡，我們對於這新組織的構成和人選，認爲應由我們的既成的
文學團體自發的進行，公開的推舉，而他們則以由上而下指派的方式，這一
點和我們的意見未免背馳。因爲意見的不同，所以他們此次北來，而我們沒
有與之充分的，具體的討論，這也是一個原因。」「總之，我們是文學的，而
不是政治的。」沈說，龔持平等人來京時，「本會幹事長柳龍光氏正因公赴魯，
我本人又因病未能出來，以致未能早速的進行。」則赫然自許與柳同等級的
「其他各方面」的代表負責人。對南京方面「擬請周作人先生作大會的會長，
錢稻孫先生作華北的會長」，以及將華北事務委託「張鐵笙、張我軍、徐白林、
柳龍光」負責，北平「既成文學團體」表示不滿〔註49〕。

　　整個座談會中，眾人反覆強調三點：一、不應忽視華北作家協會這一「既
成團體」，新機構應以「作家協會的基礎爲基礎」；二、龔持平等人（代表南

〔註49〕參見《關於組織中國統一文學團體座談會》，《中國文學》第2期，1944年2
　　　　月。

京政府與南方文學界）過於官僚，只看重「名人」，而忽略華北文學界「實際寫作的人」，過於強調華北文學界的「複雜」「摩擦」，而一味敷衍，只看重「上層」。由上而下地指派任命，過於官僚；三、強調己方的「文學性」，對方的「官僚」、「政治性」。梁山丁、袁犀、關永吉等人，主要強調文學者的立場，反對官僚化的行事方式，希望保有部分的文學獨立性。陳綿則純屬敷衍。柳龍光、沈啟無主導議題走向，沈發言尤爲露骨、直接、急切，柳龍光則比較穩健，幾乎不表達個人意見。呂奇、蔣義方、陳魯風等人，則以華北作協成員與青年作家身份，附和柳、沈，爲華北作協爭取日後在統一文學團體中的實際權力。強調華北地方性，本地「既成團體」的重要性。反對龔等人的官僚作風與名人路線〔註 50〕。

　　沈啟無、柳龍光等人以「作家」、「文學」爲口號，抨擊龔持平等人的「官僚作風」，只是爲了掩飾南北雙方的矛盾實質。此時，華北文壇派系矛盾主要集中於周作人派系與柳龍光主持的華北作協之間，沈啟無在文學活動方面則依附於柳龍光。但龔持平代表的南京政府與南方文人──至少一部分成名作家──在文學權力機制的重新建構中，更倚重在此前的文學場域中建立了足夠名望的周作人。而小林秀雄代表的日本文學報國會則支持柳龍光、沈啟無領導的青年作家，希望脫離周作人所代表的的中國現代文學傳統，創立全新的殖民文學機制。小林秀雄向華北作家表示，若南京政府經費不足，可以給予後援與經濟支持〔註 51〕，也表明了日本文學報國會與南京僞政權之間可能存在的歧異。這次座談會後不久，周作人就在《中華日報》上發表《破門聲明》、《一封信》、《關於老作家》、《文壇之分化》等文章，正式與沈啟無反目，並公然挑戰日本文學報國會的權威。值得注意的是，在這場「破門」風波中，周作人的重要文章都發表於上海、南京的報刊，這兩地的作家與新聞輿論不僅公開支持周作人，並且對片岡鐵兵的粗暴批評表示不滿〔註 52〕，甚至連日

〔註 50〕參見《關於組織中國統一文學團體座談會》，《中國文學》第 2 期，1944 年 2月。

〔註 51〕參見《關於組織中國統一文學團體座談會》，《中國文學》第 2 期，1944 年 2月。

〔註 52〕如陶晶孫：《關於大東亞文學者》、《新中國報》1944 年 4 月 11 日社論《所望於批評者》，都持這樣的觀點，參見《關於老作家問題》，《雜誌》第 13 卷第 2期，1944 年 5 月。「破門」風波中，只有南京的胡蘭成對沈啟無表示隱晦的同情，沈啟無被逐出北平後，也是胡蘭成爲其提供職業。1945 年，胡沈二人赴漢口辦《大楚報》，不久關係即告破裂，胡蘭成在《今生今世》中更以「貪婪」評價沈啟無。

文《大陸新報》的評論也批評片岡鐵兵「一知半解的淺薄行爲」〔註 53〕。這次風波重創了日本干預下「中國」文壇的「統一」幻象，所謂的「中國文學協會」也一直未能付諸實踐。1944 年 11 月 11 日，第三次大東亞文學者大會前一天，在南京召開了「中國文學年會」，爲時僅一天的會議上，通過了成立「中國文學協會」的議案，並由錢稻孫、陶晶孫、龔持平、柳雨生、周雨人組成籌委會，由籌委會人選來看，華北作家協會已經退出了圍繞這一組織展開的權力角逐。此後，隨著戰爭局勢的演變，日僞已無暇旁顧文化控制，「中國文學協會」最終只維持了一個空洞的名號。

　　「中國文學協會」的策劃與籌建，揭示了日僞全面控制淪陷地區文化事業的野心，但其籌組過程中的種種波折與分歧，卻暴露了日僞與其依附者之間，南北文人之間難以調和的矛盾，尤其反映出北平文壇作家群體與權力分佈的亂象。

第二節　作家群體及權力分佈

　　在正常的社會環境下，作家共同體的形成往往基於相近的文學趣味與主張，其外在表現形式一般是同人社團與刊物，現代文學史的敘述也往往以此爲重要線索〔註 54〕。而作家團體間的論爭，不僅是文學意見的分歧，也是對話語權與文壇資源的爭奪〔註 55〕。而政治意識形態對文學場域的滲入，也往往借助文學團體的助力。淪陷區的特殊政治生態破壞了既有的文學場域的結構與秩序，作家群體的分化與生成一定程度上沿襲了戰前的格局，但更大程度上直接受政治勢力的影響與干預。

　　淪陷時期的作家李景慈、關永吉參與編撰的《李克異研究資料》中有這樣一段表述：

　　　　當時華北的所謂「文藝界」的情形是分成了三派，彼此明爭暗鬥，都想出刊物、出書，都看中了「新民印書館」的出版條件。一派是柳龍光的僞「華北作家協會」，後臺就是日本華北駐屯軍報導

〔註 53〕　《文化直言》，《大陸新報》1944 年 4 月 19 日，轉引自《雜誌》第 13 卷第 2 期，1944 年 5 月。

〔註 54〕　王曉明：《一份雜誌和一個社團——重識「五四」文學傳統》首開此類研究之先河。

〔註 55〕　參見劉納：《社團、勢力及其它——從一個角度介入「五四」文學史》，《中國現代文學研究叢刊》1999 年第 3 期。

部。偽「華北作家協會」機關刊物是《作家月報》，後與《中國文藝》合併爲《中國文學》。偽「華北作協」會員囊括了其他兩派人在內，都是「會員」。另一派是以沈啓無爲首的「北大派」。他們的刊物是《文學集刊》，部分人的作品編入了《新進作家集》。它原無後臺，由於蔣義方傾向沈啓無，說服了新民印書館編輯課長佐藤原三支持沈啓無，也就有了「後臺」；還有一派是以周作人爲首的「藝文」一派，都是老作家，刊物是《藝文》，叢書是《藝文叢書》，後臺是偽「中國文化振興會」（附設在新民印書館內），名譽會長是周作人，實際負責是日本人安藤。安藤是新民印書館的有勢力人物，所以周作人的刊物、叢書出版很順利。〔註56〕

此外，發表於日本的中國現代文學研究刊物《野草》的《佔領下の北京文化人たち》中，引用了淪陷時期擔任北平日本大使館調查官的志智嘉九郎的意見，也將淪陷時期北平文化界的勢力分爲三種：

1、藝文社　北大系　新民印書館　安藤更生

　　周作人、錢稻孫、尤炳圻、張我軍、沈啓無

2、華北作家協會　武德報社　龜谷利一

　　柳龍光　梅娘　多爲滿洲國派系

3、林房雄　日本文學報國會　代表

1943 年 1 月 8 日，常駐北平飯店〔註57〕

1943 年訪華的日本作家河上徹太郎，則描述了北平文壇勢力分佈的另一種景象：

> 北京方面，北京大學文學院教授錢稻孫、沈啓無、張我軍、尤炳圻去年曾來參加大會，今年，包括他們在內由周作人牽頭組成了藝文社，有許多優秀的沉默作家開始活動起來。在另一方面，還有以在北京最有影響力的《武德報》報業爲背景的華北作家協會這一擁有百餘名少壯作家的團體。兩者事實上作爲一個交流的整體，依然是以北平爲中心的全中國文化首都的重鎮。〔註58〕

〔註56〕李士非等編：《李克異研究資料》，知識產權出版社，2009 年，第 24 頁。

〔註57〕張欣：「佔領下の北京文化人たち」、《野草》第 56 號、1995 年 8 月。

〔註58〕轉引自〔日〕木山英雄著，趙京華譯：《北京苦住庵記：日中戰爭時代的周作人》，生活・讀書・新知三聯書店，2008 年，第 175 頁。

綜合以上三種描述，大致可以呈現 1942 年後北平文壇的主要權力群體：以周作人為首，僞北大文學院教師為主的藝文社，其日方後援是新民印書館的安藤更生；以柳龍光為首，東北籍作家為主的華北作家協會，日方支持者是武德報社的龜谷利一；以沈啓無為首，僞北大文學院的青年教師為主的北大派，日方支持者是日本文學報國會派遣的代表林房雄以及新民印書館的佐藤源三。

　　具體而言，日軍佔領北平之初，政治方面主要倚重北洋政府的政治遺老，文化教育方面則大力勸誘滯留北平的原大學教授、文化名人與其合作，其目的既是為了製造「日中提攜」的假象，也可借助政界與文壇的「權威」更好地控制時局。

　　1938 年 3 月，作家耿小的在《新民報》副刊《明珠》發表啓事，宣稱「現在天地明朗了，一般有志於文學的青年們，大可以在這時候出出頭了。我們要另創造一個新民文藝」，因此發起成立「青年作家協會」，以使文藝青年與無名作家得以在「中國文學史上留下一點痕跡！」〔註 59〕耿小的本人是通俗小說作家，時任《明珠》編輯，在戰事爆發前的新文學場域中，這類作家幾乎沒有話語空間，儘管北平淪陷後流失了大批新文學作家，耿小的之流仍舊難有號召力。何況在劇變的時勢下，覥然厚顏稱國土淪喪的現實為「天地明朗」，而《新民報》又是漢奸組織新民會總會的機關報，因此耿小的的倡議幾乎無人響應，日僞方面也不願選擇這樣的文壇末流角色為其服務。

　　此後，在校園「孤島」中，漸漸出現了一些文學社團，如僞北京女子師範學院的文藝研究會、燕京大學的燕京文學社、燕京水星社、輔仁大學的文苑社、僞北京大學的北京大學文學會等。除了以青年教師為主的北京大學文學會，這些校園文學團體以學生為主要成員，依託於自辦的文藝刊物，延續著戰前學院派的文學觀念與理想，但社團成員常因畢業離校或離開北平而流失，自辦的刊物也很難維持長久，而且幾乎不以團體形式參與校外文學活動，既受校園的蔭蔽又受校園的限制，其影響主要來自較優秀的作家個體。北平淪陷時期，校園以外的中國作家同人社團只有文園社，文園社的成員王眞夫、徐白林、辛嘉、顧共鳴、袁犀，以東北作家為主。

　　1940 年開始就有東北作家移居北平，到 1941 年底，日僞在東北地區加強統治，在長春、哈爾濱分佈實施「一二三〇」和「一二三一」大搜捕，1942

〔註 59〕小的：《本報明珠版發起青年作家協會》，《新民報》1938 年 3 月 5 日。

年，日偽頒佈《思想矯正法》，以「思想」入罪，可以隨意抓捕，不少思想趨於進步的作家，因為可能或已經成為偵查逮捕對象而逃離東北，其中大部分最先投奔北平。淪陷時期先後在北平活動的東北作家主要有：蕭艾、柳龍光、梅娘、黃軍、辛嘉、袁犀、王一葉、梁山丁、左蒂、王則、支振垣、陳少勖、呂奇、石雨、魯風、趙鮮文等。由於管理北平文化出版事務的日本人中，不乏由偽滿洲國調任者，因地緣關係給予遷居的東北作家不少支持，如柳龍光就因武德報社社長龜谷利一的關係，1941 年甫到北平就被任命為《武德報》編輯長，此後以他為中心，引介了不少東北作家擔任武德報系統報刊的編輯，如袁犀編輯《時事畫報》，王則曾擔任隸屬《武德報》系統的《國民雜誌》主編、《民眾報》編輯長，左蒂任《婦女雜誌》主編，此外梁山丁曾先後編輯《中國文藝》、《作家連叢》。華北作家協會成立後，柳龍光出任幹事長，協會骨幹中也不乏東北作家。1944 年 9 月，梁山丁被推舉為華北作家協會執行委員兼小說部門主任委員，徐白林被推舉為華北作家協會執行委員兼詩歌部門主任委員，辛嘉被推舉為華北作家協會執行委員兼隨筆部門主任委員，蕭艾被推舉為華北作家協會小說部門委員。北平淪陷時期有限的文學出版物中，也不乏東北作家的創作，新民印書館出版的「新進作家集」共 10 種，其中有 4 種出自東北作家之手：袁犀長篇小說《貝殼》、梅娘短篇小說集《魚》、蕭艾短篇小說集《萍絮集》、梁山丁短篇小說集《豐年》。木山英雄以「少壯」形容這一作家群體〔註 60〕，選用「少壯」這一詞語，應該蘊含著日本「少壯派」軍官激進盲目、以下犯上的色彩。柳龍光為首的東北作家群體，也確實有意挑戰北平的「既成作家」，重組北平淪陷後渙散的文壇格局。華北作家協會的主事者柳龍光的身份至今仍無定論〔註 61〕，柳龍光之妻梅娘至今仍堅稱柳為劉仁從事地下工作〔註 62〕，偽政權中確實潛藏著重慶政府或中共的特工人員，但更多的是出於保留退路而與重慶或中共暗通款曲者。即便柳氏確實與中共有聯繫，他在淪陷時期的所有行為也不可能因此獲得正確性。

　　新民印書館的編輯課長安藤更生是一個典型例證。安藤修習中國美術史，就讀於早稻田大學時深受會津八一影響，有著文人式的「支那趣味」。1938

〔註 60〕　〔日〕木山英雄著，趙京華譯：《北京苦住庵記：日中戰爭時代的周作人》，生活・讀書・新知三聯書店，2008 年，第 181 頁。
〔註 61〕　張泉在《抗戰時期的華北文學》中考察了柳龍光與中共可能存在的聯繫，但仍然沒有足夠的材料能夠確實證明柳龍光的政治身份。
〔註 62〕　2011 年 10 月 6 日、2012 年 1 月 6 日筆者採訪梅娘女士。

年 1 月，隨北支派遣軍前往奉天、天津、張家口、大同、雲岡、綏遠等地時，曾向軍隊大力游說，保護文化古跡如大同石佛免受戰火荼毒。同年 2 月回日本，10 月接受新民印書館編輯課長的任命，12 月在北平定居，熱衷搜集北平市內「門神」形象。1942 年更與偽北京大學副教授考古學者姚鑒前往開封、徐州、南京、揚州、鎮江等地考察「門神」。1940 年到 1944 年間，安藤多次赴揚州探訪鑒眞遺跡，並撰寫了鑒眞傳，這部作品完稿時正值日本戰敗投降。年譜中提及周作人常尊稱「恩師」，如 1943 年，安藤遷居內四區東觀音寺胡同，特意寫明此處鄰近「恩師周作人」的宅邸。1944 年，「恩師周作人」六十誕辰，安藤是唯一參加慶賀的日本弟子。1963 年 9 月末，適值鑒眞圓寂一千二百年紀念，安藤以「訪中日本文化界代表團」團長身份重遊北京時，特別要求拜訪周作人，在 1964 年寫作的《苦雨齋訪問記》中，安藤描述見到周作人時，邊叫著「老師」邊上前握住周氏的手，感情相當誠摯〔註 63〕。新民印書館成立於 1939 年 8 月，是日本平凡社與華北政務委員會合辦的股份有限公司，由曹汝霖出任總經理。原本的主要任務是印刷灌輸日本奴化教育的教科書，也是日偽在北平實施文化統制政策的一個重要組織。新民印書館在日本的組織者下中彌三郎本人也醉心文化事業，對北平淪陷區的文人與文事，新民印書館的態度與軍隊背景的武德報社和華北文化書局有明顯的區別。

　　1942 年到 1944 年，由日本文學報國會主辦的三次「大東亞文學者大會」，是日本對各淪陷區實施思想控制與文化殖民的重要活動，其具體情況有王向遠的《「筆部隊」和侵華戰爭》加以梳理。不過，三次大會的空洞口號在淪陷區實際難以產生，而是這一徹頭徹尾的政治事件，在政治化的北平文壇引起的權勢波動，除了眾所周知的「破門事件」，木山英雄就曾根據北平地區出席會議人選的變化，分析 1942 至 1943 年間北平文壇的權勢轉移。同樣源於第二次大會的「大東亞文學賞」及其「副賞」的評選，也是爭奪文學話語權的例證，而在政治化的文學場域中，不管小說還是散文，都有可能失去作為現代文體的獨立品格。

　　第二次大會設置了第一屆「大東亞文學賞」，中國的獲獎者是華中地區的予且，獲獎作品是《日本印象記》和《予且短篇小說集》，華北地區則是原籍東北現居北平的袁犀的長篇小說《貝殼》。《貝殼》的獲獎，引起了北平

地區日本官員與作家的注意。北平的日本文學同人團體「燕京文學」的作家飯冢朗就認爲：「倘若大東亞文學賞的安易成爲了他們的常識，指揮和提攜都將消失罷。」〔註 64〕常駐北平的日本大使館調查官志智嘉九郎，以筆名「志智嘉」寫過三篇中文文章批評《貝殼》及這次評獎結果。他反覆強調《貝殼》缺乏現實性，「是一部描寫戀愛遊戲的作品，作品中的人物，缺乏國民的特性」〔註 65〕，「這貝殼可以說是一種無意義的小說。在這本小說裏所出現的一切人物，都不是現實的人物。」〔註 66〕對大東亞文學賞和日本文學報國會，他的言辭中也流露出明顯的不滿與輕視：「大東亞文學賞是什麼東西雖然不能判然，但是從其名稱來說，從日本的文學報國會的人們參與著這件事之點來說也該當是不能不有權威的」。志智認爲，如果只是因爲《貝殼》或袁犀的作品在華北受歡迎，而不考慮其內容與價值，就給予獎項，「則文學者大會，尤其是形成著文學者大會之核心的文學報國會的輕率是不能不被譏笑的」〔註 67〕。有論者認爲，志智嘉要求《貝殼》注意現實社會，潛臺詞是要求作家爲日僞的既定政策服務〔註 68〕。志智嘉九郎畢業於東京大學中國文學科，在北平任職興亞院華北聯絡部調查官（後改爲在北平日本大使館調查官）長達七年，是新民印書館籌組的「中國文化振興會」會員，曾積極支持振興會編撰《中國百科大事匯》的計劃，是親近周作人等老作家，並懷有「支那趣味」的興亞院系統的文人式官員〔註 69〕。戰後還個人印行『弍人の漢奸』一書，回憶戰爭期間在京津二地的生活，以「我不入地獄誰入地獄」形容王揖唐與周作人〔註 70〕。

由於評獎結果招致各方批評，1943 年 11 月，日本文學報國會事務局長久米正雄前往北平，並追加原來的三種「選外佳作」爲「大東亞文學賞副賞」，即梅娘小說集《魚》、朱英誕詩集《損衣詩鈔》，林榕散文集《遠人集》。針對這次評獎，北平文壇卻出現了不同聲音。王眞夫主編的《敦鄰》的「今日的

〔註 64〕飯冢朗：《忠言於新中國文學》，《敦鄰》第 1 卷第 3 期，1944 年 3 月。

〔註 65〕志智嘉：《關於最近之文學作品》，《庸報》1943 年 10 月 6 日。

〔註 66〕志智嘉：《文藝雜談》，《藝文雜誌》第 2 卷第 1 期，1944 年 1 月。

〔註 67〕志智嘉：《以什麼爲基準而授賞了的呢》，《東亞新報》1944 年 3 月 26 日，轉引自《敦鄰》第 1 卷 4、5 期合刊，1944 年 5 月。

〔註 68〕張泉：《淪陷時期北京文學八年》，中國和平出版社，1994 年，第 35 頁。

〔註 69〕參見安藤更生年譜作成委員會編輯「安藤更生年譜‧著作目錄」，安藤きよ發行，1972 年。

〔註 70〕志智嘉九郎：「弍人の漢奸」（非賣品），1988 年。

話題」，署名司馬諄的《北京文場的幾件事》，稱柳龍光爲「文場買辦」，沈啓無爲「名士」，華北作家協會則是「濟貧大會」，入會者是爲了討得「飯碗」，並揭露所謂大東亞文學賞的評選實際近於兒戲：由於要在會議期間得出評選結果，因時間限制無法在各國另聘評選委員，只能由與會代表自行評選，而原本華北地區分得四個獲獎名額，於是「名士」沈啓無與「買辦」柳龍光，爲各自的「門生」朱英誕與「老婆」梅娘爭得獎額，但時勢變化，華北地區只能有一人得獎，沈柳雙方勢均力敵爭執不下，結果推出與二人無利害關係之袁犀領受這份「榮譽」。而補選頒發「副賞」，也是爲了安慰失落者，在久米正雄到達之前，已有報刊披露得獎結果，因此所謂「副賞」的評選，仍舊是文學政治角力的結果〔註71〕。實際上，「副賞」的獲獎作品中，朱英誕的《損衣詩抄》是從未出版的「空中樓閣」，林榕的《遠人集》在「副賞」評選結果發佈 1 個月後才正式出版。這兩位淪陷時期十分活躍的青年作家，都由沈啓無引薦進入僞北大文學院工作，可算沈氏「門生」。

司馬諄所言儘管無法確證，卻大致符合當時北平文學場域勢力分佈的情況，沈啓無憑藉僞北大文學院集合了一批創作欲旺盛的青年作家，得到林房雄支持後，更開始與周作人爭奪在既成作家中的領導權，柳龍光則借華北作家協會網羅大小作家與非作家，柳沈聯合對抗周作人派系的同時又互相牽制博弈。「大東亞文學賞」及「副賞」的評選，無非是淪陷區畸形文學場域中又一次政治化的權力分配，獲獎者無論是袁犀、朱英誕或者林榕，得獎的不管是小說、新詩或者散文，在這類政治行爲中，早已失去了文學作品的獨立品格，而淪爲權力制衡的工具。

第三節　北平淪陷時期文學空間中的散文

北平淪陷後，文壇一度陷入停滯，隨著 1937 年 12 月 1 日《晨報》復刊，《晨報副刊》也同時恢復，此後報紙副刊成爲淪陷初期的主要文學載體，也是散文作品的集中刊發地。先後由薛飛白、王森然編輯的《晨報副刊》，既有通俗文學作品，也有不少新文學作品。散文方面有周作人的《藥草堂筆記》，蘭古的《蟄石隨筆》，林火、梁雯等人的散文，梁雯、蕭菱等人的文藝短論，以及散文譯作。方紀生主編的《文藝周刊》，從 1938 年 11 月 12 日至 1939 年 3

〔註71〕司馬諄：《北京文場的幾件事》，《敦鄰》第 1 卷第 3 期，1944 年 3 月。

月 25 日，共出版 20 期、有周作人、聞國新、江寄萍等人的散文，冰心等人的散文譯作，吳興華、辛笛、南星等人的新詩，碧野、蕭菱等人的短篇小說，林棲等人的詩文評論。陸離編輯的《七日文藝》延續《文藝週刊》特點，多名家之作，以散文爲主，其次是新詩，再次是文藝短評。有寒流、林徽音、張金壽、江寄萍、章克標、傅彥長、林榕、雷妍、徐遲、蘆荻等人的散文。由於陸離 1937 年以前在上海活動，因此《文藝週刊》還發表過上海作家傅彥長、章克標、邵洵美等人的文藝論文，並刊登過悼念穆時英的文章。《實報》副刊《文學》週刊是另一種較重要的散文副刊，從 1939 年 1 月 29 日至 1940 年 2 月 19 日，共出版 17 期。由周作人題寫刊名，張鐵笙、王石子先後主編。《文學》週刊以散文爲主，兼有新詩、小說、文學評論、譯作等。有周作人、林榕、林棲、趙宗濂、李道靜、聞青等人的散文，吳興華、秦佩珩、何漫、方紀生等人的新詩，左笑鴻等人的小說，還有對何其芳《刻意集》、曹禺《原野》、蘆焚《看人集》的評論，南星等人翻譯的吉辛散文、莫泊桑的小說等。

不過，淪陷初期報紙副刊的主要內容還是舊式筆記、通俗小說、曲苑雜談、劇評影訊等消閒內容。以《晨報》爲例，1937 年 12 月 1 日恢復《晨報副刊》的同時，又新辦了《藝術生活》副刊，其內容也以新文藝爲主，有小說、散文、文學翻譯等作品，但《藝術生活》僅維持四個月就告終結，被日刊《藝圃》所取代。《藝圃》主要刊載舊式筆記、散文、古典文學論文、作家傳記、文史考述等，但這類舊式文人趣味也不太受歡迎，《藝圃》同樣只維持了四個多月，出至同年 8 月 30 日即告終刊，改出日刊《遊藝》。《遊藝》徹底趨向市民趣味，以曲苑雜談、名伶軼事、影片介紹爲主，兼刊舊式小說散文，文章類型與趣味實與小報別無二致。1939 年 4 月 1 日《晨報》停刊整頓，《藝圃》隨之終刊，同年 6 月 1 日《晨報》復刊後，又新創副刊《藝宮》。在《藝宮》的《開場白》中，編者坦言，本刊宗旨「趨重大眾化、平民化」，「所談無非風月」，「是一個平民的遊息地，大眾的快樂場」〔註72〕。《藝宮》最有特色的是連載小說，有通俗小說名家許吟秋的《江邨俠侶》、《梅花劍》，宮白羽的《武林爭雄記》，陳慎言的言情小說等，還有曲苑雜談、舊式筆記，也有新文學作品如散文，關於戲劇建設的論文，和話劇演出評論等。《藝宮》一直維持到 1943 年《晨報》停刊方始告終，是《晨報》持續時間最長的文藝副刊。

直到《朔風》與《學文》這兩種以散文爲主的文學期刊的刊行，北平文

〔註72〕 《開場白》，《晨報・藝宮》1939 年 6 月 1 日。

壇才眞正恢復生氣。關於《朔風》，將在下一章詳細論述。梁雯等人以學文社名義編輯刊行的《學文》，從 1939 年 11 月 15 日到 1940 年 5 月 15 日，共出版 5 期 3 冊。其刊名顯然沿襲自 1934 年北平學院中的重要刊物《學文》，但較之舊《學文》，其內容輕快許多，以散文隨筆爲主，主要作者有周作人、林風、梁雯、秦佩珩、林棲、夏孟剛、何漫等人，除了周作人，大多是北平高校中的青年學生或教師。在《學文》第創刊號中，編者梁雯表示：

> 在這樣沉沉的古城中住著，實在有些太枯澀了，所以我們才想到出一種純文藝的刊物，給自己以及一般愛好文藝的青年們一種慰藉，正像一滴水對於生活的調和，是苦，是甜，是淡而無味也罷，總比一直口渴著好些。〔註 73〕

這也是當時以大學生爲主的青年作者的心聲。此前介紹的文藝報刊中，散文作者中有不少在校的大學生。而北平淪陷時期的校園文學中，散文也佔有很大比重。北平淪陷後的校園文學活動主要集中在燕京大學與輔仁大學。燕京大學新聞系學生主辦的實習報紙《燕京新聞》一直維持到 1941 年 12 月。淪陷時期，該報的文藝副刊都以新文藝創作與評論爲主，其中《楓島》多發表詩歌和散文，出版過「詩歌專號」和「散文專號」。撰稿人主要是燕京和輔仁的學生，如吳興華、宋悌芬、秦佩珩、孫羽、李景慈、查顯琳、林榕、畢基初、張秀亞等，偶而也有燕京教師陸志偉、郭紹虞、閻簡弼等人的文章發表。

　　1939 年 4 月創刊的《輔仁文苑》與 1940 年 11 創刊的《燕京文學》，是北平淪陷時期最重要的校園文學刊物。前者篇幅較大，主要發表文藝論文、小說、散文、詩歌、戲劇、批評和翻譯等。後者內容兼顧文學評論、詩歌、散文、小說和話劇，以宋悌芬的文學評論與吳興華的詩歌創作最有特色〔註 74〕。《輔仁文苑》曾組織過「散文特輯」，《燕京文學》也不乏散文作品。值得注意的是，青年學生的校園刊物中，散文占較大比重；而青年作家爲主的刊物中，則是小說占主要位置。似乎表明：年輕人練習寫作往往以散文開始，而漸漸掌握一些文學資源，或者有了一定的文學野心之後，就告別了散文。

　　淪陷初期北平文壇散文的興盛，與作家勢力有關，滯留北平的新文學作家並不多，而多新舊學者，這批人最擅長的是具有學術或考據意味的文章，而這類文章也是散文之一種。《中國文藝》1939 年 9 月 1 日的創刊號中，「散

〔註 73〕《編後話》，《學文》第 1 期，1939 年 11 月。

〔註 74〕張泉：《淪陷時期北京文學八年》，中國和平文學出版社，1994 年，第 85 頁。

文」欄目彙集周作人、謝剛主、徐凌霄。謝剛主《明季史乘傳記題跋》、徐凌霄《相國歷史歷史相國》，前者是學術文章，後者是掌故筆記。「書評」有孫海波《評天壤閣甲骨文存》，更是正經的學術文。而從文學刊物的欄目設置的凌亂不規範，可以看出《中國文藝》第 1 期，欄目中就有「散文」「隨筆」之分，「散文」欄下是周作人等人文章，「隨筆」欄刊登的則是無名作家的《京戲偶談》之類的文章，分量顯然輕的多。第二期延續「散文」與「隨筆」的分欄方式。第 3、4 期由張我軍代編，「散文」改成「小品文」，無「隨筆」欄。第 5 期恢復「散文」、「隨筆」分欄，第 6 期「小品文」。2 卷 1 期又分「隨筆」「散文」，但兩者位置與前相反，如周作人文章，之前入「散文」，現在入「隨筆」。2 卷 2 期「特輯一　國內隨筆」，「特輯二　國外隨筆」，「特輯三　書簡」，「特輯四　雜記小品」。2 卷 3 期又分「隨筆」「散文」。2 卷 4 期開始，合為「隨筆與散文」。3 卷 1 期開始，雜誌編輯改換，「隨筆散文」。3 卷 2 期改為「隨筆」，3 卷 3 期為「散文」，此後除了 3 卷 6 期「散文與小品」，都名之為「散文」。欄目名稱的混亂，體現的是散文文體本身的不穩定性。

　　1945 年 4 月 10 日創刊的《逸文》由謝興堯創辦，散文專門刊物，有意延續《論語》《人間》《宇宙風》，經兩年多籌辦起來的小型刊物，「以文史學術文章為主，也刊登『莊諧雜出、雅俗共賞、今古盡收、譯作皆有、大小悉備』的短文，內容古今文史夾雜，作者也學者作家咸集，新老混雜」，有周作人、傅芸子、傅惜華、徐一士、徐凌霄（凌霄漢閣主）、謝剛主、王揖唐、朱炳蓀、予且（潘序祖）、雷妍等人的作品。北平淪陷區的文學刊物始自《朔風》，以《逸文》結束。前者承襲小品文餘緒而拒絕「幽默」，後者延續淪陷時期興盛的筆記掌故，亦體現了八年間北平散文的流變。

第二章　小品文與筆記

　　抗戰爆發前，散文創作就是「京派」格局中的重要部分。《語絲》與《駱駝草》這兩種以散文爲主的文學刊物，就是「京派」成型前北平文學場域的重要言論空間。1936 年，《大公報》發起評選「文藝獎金」，1937 年 5 月揭曉評獎結果，何其芳的散文集《畫夢錄》成爲三部得獎作品之一。經由《駱駝草》、《學文》、《水星》、《大公報．文藝副刊》、《文學雜誌》中的散文創作逐步發展的「京派」散文的理想形態，至此趨於完備。「京派」的散文美學理念，在淪陷後的北平文壇也得以延續。

第一節　去「幽默」化的小品文

　　對於北平淪陷時期的散文形態，早前的研究者已有「共識」，認爲大致有兩種類型：「詩化散文」與「隨筆」。前者以校園作家爲主，受何其芳影響；後者以《中國文藝》作家爲主，受周作人影響〔註 1〕。張泉則將當時的散文作品分爲三類：周作人式的隨筆小品；抒情狀物散文；論說散文〔註 2〕。前兩類近似於「隨筆」和「詩化散文」，第三類近似評論與雜文。這些分類也大致呼應了現代文學家對散文形態的經典劃分，即「小品文」、「美文」與「雜文」〔註 3〕。

〔註 1〕謝茂松、葉彤、錢理群：《導言》，《中國淪陷區散文大系．散文卷》，廣西教育出版社，1998 年，第 4 頁。曹鈴：《孤獨者的夜歌——論北平淪陷區校園散文的詩化傾向》就沿用了這一論述。

〔註 2〕張泉：《淪陷時期北京文學八年》，中國和平文學出版社，1994 年，第 19 頁。

〔註 3〕現代作家對散文類型的劃分，可參見葉聖陶、朱自清、唐弢：《答編者問（關於散文寫作）》，《文藝知識》第 1 集第 3 期，1947 年。

　　經由 1930 年代小品文論爭與雜文的討論，到抗日戰爭爆發前，小品文與雜文已經成爲中國現代散文的兩種代表性文類。但「京派」作家既不滿於左翼雜文忽視文學與作家的個性，也不欣賞海派小品的陳腔濫調與輕浮態度。1930 年代，上海興起小品文熱潮，儘管小品文的提倡者與實踐者將周作人奉爲圭臬，但周作人本人並不贊同林語堂們對晚明小品的過分推崇〔註 4〕。「京派」作家大多遠離小品文，或者直接給以批評。沈從文批評《人間世》之類刊物不顧國家情勢一味提倡「性靈」〔註 5〕。朱光潛也「反對少數人把個人特別趣味加以鼓吹宣傳，使它成爲瀰漫一世的風氣。」認爲「晚明式的小品文聊備一格未嘗不可，但是如果以爲『文章正軌』在此，恐怕要誤盡天下蒼生。」〔註 6〕經由《駱駝草》、《水星》、《大公報・文藝副刊》等報刊的創作積累，李健吾等人的文藝批評，到 1936 年《大公報》文藝獎金評選中推出何其芳的《畫夢錄》作爲理想的散文範型，「京派」作家在「純文學」的向度塑造了現代散文中的「美文」形態。不過，這種散文形態和小品文一樣，面臨著左翼文學的指責。就讀於清華時曾熱心於散文創作的季羨林，曾在日記中自述：

　　　　最近一寫東西，就想普羅文藝批評家。自己很奇怪：在決定寫小品文的時候，小品文還沒被判決爲有閒階級的產品，現在卻被判決了。自己想寫小品文，但心中又彷彿怕被他們罵，自己不甘於寫農村破產，不甘於瞪著眼造謠，但又覺得不那樣寫總要被人罵。被人罵有什麼關係呢？我要的是永久的東西，但心裏總在嘀咕著，我現在深深感到左聯作家的威脅。〔註 7〕

北平淪陷後，日僞統治隔絕了「左聯作家的威脅」，在特殊的社會政治環境下，指涉現實的雜文顯然難以生存；而海派小品文也遭到冷落，既因其幽默性質與現實背離，也承襲自「京派」文學觀念對小品文的拒斥態度。另一方面，在左翼批評話語中常與海派小品文混爲一談的周作人的散文寫作，則因政治原因被推崇，但在寫作實踐中卻遭遇困難，北平乃至上海的散文寫作中出現

〔註 4〕 葛飛：《周作人與清儒筆記》已辨析了周作人對晚明小品的態度，高恒文：《京派文人：學院派的風采》對此也有論述。

〔註 5〕 沈從文：《談談上海的刊物》，《沈從文文集》第 12 卷，花城出版社，1988 年，第 175 頁。

〔註 6〕 朱光潛：《論小品文》，《朱光潛全集》第 3 卷，安徽教育出版社，1987 年，第 427 頁。

〔註 7〕 季羨林 1934 年 5 月 7 日日記，《季羨林全集》第 4 卷，外語教學與研究出版社，2009 年，333～334 頁。

了小品文向文史掌故演變的趨勢。

　　張泉在《淪陷時期北京文學八年》中認爲，華北淪陷區的散文被後人「不適當地擺在過於顯赫的位置上」，原因有二：其一，對初學者而言散文是一種文學訓練，也易於掌握，在年輕作家湧入文壇的情況下，也造就了報刊多散文的現象；其二，由於周作人是「華北唯一作家」，其大名與作品頻頻出現於出版物上，故而造成散文繁榮的假象〔註8〕。周作人在華北乃至華中淪陷區得享顯赫聲名，固然源於新文學運動以來積累的文學名望與資本，出任僞職後，儘管在淪陷區以外聲名盡毀，在淪陷區內部卻成爲日僞宣傳政策可資利用的文化符號，在政治化的淪陷區文學場域內，較之戰前獲得了更高的地位。但「周作人式的隨筆小品」卻是一種可疑的陳述，自林語堂提倡小品文時以周作人爲旗幟，周氏大名即與小品文密不可分，但周氏本人並不完全認同海派小品文和晚明小品的美學風格，其「文抄公」式的散文創作也與一般小品文有顯著差異。及至淪陷時期，由「落水」前的筆記抄述，到事僞後強調思想，寫「正經文章」，周作人的散文寫作與一般對小品文形態的想像相去愈遠。而淪陷時期效法周作人前期「文抄公」體式的作家集中於滬上，北平多的是介於筆記與學術文章之間的文史掌故。

　　1938 年 11 月創刊的《朔風》雜誌，由私人經營的東方書店出版，作爲北平淪陷後新辦的第一種純文學刊物，常被當作淪陷時期北平文壇恢復的起點〔註9〕，因此在相關文學史論述中得占一席之地，獲得的評述也大體相似。

　　《朔風》由方紀生與陸離編輯，陸離當時年僅 20 歲，1937 年才由上海到北平，可以說在北平的文學場域中既無資歷又缺資源。在組稿方面，雜誌倚重的是方紀生。方紀生 1931 年畢業於北平中國大學經濟系，此後留學日本，專業是經濟，1934 年歸國後先後在華北大學、北京大學、朝陽大學、中國大學等校執教，擔任民俗學與近代經濟史課程，並加入顧頡剛等人組織的北京大學風謠學會，是其中的骨幹成員。學生時代，方紀生曾在王餘杞、聞國新等人主辦的《徒然》周刊發表過文學譯文，但此後他的特長與興趣主要是民俗學〔註10〕，曾編輯風謠學會的《民風周刊》、《民俗周刊》、《謠俗周刊》，只

〔註 8〕　參見張泉：《淪陷時期北京文學八年》，中國和平文學出版社，1994 年，第 18
　　　　～19 頁。
〔註 9〕　參見張泉：《淪陷時期北京文學八年》，中國和平文學出版社，1994 年，第 63
　　　　頁。
〔註 10〕　早期《朔風》的「補白」欄常登載各地歌謠，也是方紀生民俗學趣味的體現。

在 1936 年短期編輯《晨報》的文藝副刊《風雨談》，似乎同樣缺乏文學編輯的經驗。不過，方紀生之父方宗鼇時任僞臨時政府議政委員會秘書長，可以給予這份民辦刊物政治方面的蔭蔽，而方紀生本人的求學與執教經歷，都爲他在北平的學院體系中積累了資源，編輯《風雨談》時就曾邀請周作人寫稿。選擇他來進行打破「北方文壇之沉寂」之工作，並非無的放矢。

《朔風》創刊號有周作人《談勸酒》、錢稻孫《不須歸》、畢樹棠、班書閣的考證文字，著名報人林白水之女林慰君的翻譯，沈啓無的詩、陳綿的話劇。根據方紀生所作編後記《朔風室札記》可知，由接受編輯工做到雜誌出版，不過一個月時間〔註 11〕，能在短期內邀集這樣的作者隊伍，在淪陷後蕭索的文壇，已屬難得。

《朔風》的出版也打破了文壇的沉寂，很快就有多篇評論見諸報端。1938年 12 月《晨報副刊》刊載了多篇《朔風》的評論文章。最先刊發的《關於〈朔風〉》對雜誌以小品爲主略有不滿：「足以打破沉寂文壇的東西說是小品隨筆之類我覺得似乎是有些出入」，「內容之偏於敷衍在雜誌的創刊號中或者也許似乎是不得不如此，蓋撰稿者大抵皆是忙務纏身的教授們之來不及的緣故，早已有著此例的。」「臺椿子名非虛傳」「一角五分錢購了一冊朔風，旁的勿消言得，僅只一篇談勸酒已然值得。」〔註12〕12 月 2 日刊登的《關於〈朔風〉（續）》，稱讚周作人堪當「幽默」之稱〔註 13〕。此後對《朔風》的評論便集中於「幽默」。沙漠的《〈朔風〉批判》稱讚作者贊同方紀生所謂「給中上階級一種精神糧食」的辦刊理念。強調《朔風》的作者中，老將是新文化運動的前輩，新人亦是辛勤嚴肅之作者。但也認爲第 2 期中，散文的學院氣太濃，應多些寫實的短篇小品，但不能只是「速寫」，還須保持藝術水準，稱讚《朔風》「不幽默」的「可貴，可愛！」提及有人以「不幽默」爲批判《朔風》之理由，也從反面體現了「論語派」塑造了讀者對小品文「幽默」的閱讀期待〔註14〕。林過目《從嚴肅到幽默——評〈朔風〉兩期》也反對「幽默」，認爲《朔風》不應該從嚴肅轉向幽默，小品文的體裁也不必拘於一格〔註 15〕。之所以

〔註11〕《朔風室札記》，《朔風》第 1 期，1938 年 11 月。
〔註12〕 駱子：《關於〈朔風〉》，《晨報副刊》1938 年 12 月 1 日。
〔註13〕 駱子：《關於〈朔風〉（續）》，《晨報副刊》1938 年 12 月 2 日。
〔註14〕 沙漠：《〈朔風〉批判》，《晨報副刊》1938 年 12 月 19 日。
〔註15〕 林過目：《從嚴肅到幽默——評〈朔風〉兩期》，《晨報副刊》1938 年 12 月 24日。

紛紛將矛頭指向「幽默」，皆因《朔風》第 2 期《朔風室札記》中有云：

> 有的朋友（如一位程心芬先生）希望本刊重來提倡幽默，這在
> 我們卻沒有這種興會，雖然我不反對幽默，第一提倡幽默自有提倡
> 幽默的時代，此刻現在似乎不大適宜；單以幽默特色之一的幽隱含
> 蓄來說，如果你的意思被人曲解，那是很不方便的。第二這有前車
> 之鑒，最初提倡幽默的刊物，日久天長，多半將幽默的真義盡失，
> 所餘的只是滑稽或詼諧，另外的理由，幽默不能勉強，被稱為此派
> 大師的林語堂尚且說，「我是絕對不會幽默文的人。若有人問我何不
> 以身作則，我只能回答：幽默之事不勉強的。」既不能勉強，何用
> 提倡為？此我們不提倡幽默之最大的理由也。

此處提及的「程心芬」即作家程心芬，三十年代曾在《論語》、《逸經》等刊
物發表文章，在淪陷時期北平作家中，是少有的公開提倡幽默並付諸實踐者，
但他的幽默文章以小說為主，「幽默」的小品文在淪陷時期的北平文壇相當罕
見。不過，讀者對《朔風》「幽默」的閱讀期待並非空穴來風，1938 年 11 月
21 日的《晨報》，在頭版醒目位置刊登《朔風》創刊廣告，以「人間世、宇宙
風而後唯一之小品文雜誌」為標榜，已然彰顯出版者對雜誌的定位與銷售策
略。1938 年曾有《華文大阪每日》的記者採訪方宗鼇，採訪報導中提及方紀
生，稱他此時正籌備《朔風》，「體裁略似《宇宙風》」〔註 16〕，也體現了記者
這類有一定文化素養者對《朔風》的判斷。方紀生為《晨報》編《風雨談》
時，發刊辭「本刊範圍頗廣，故其內容在性質方面，不一定限於純文藝，其
他人間（以至於非人間的）事物，亦將在所必談；在形式方面，因篇幅關係，
當然以小品，詩歌，及其他短篇創作為主，雖然間亦採登小說，譯品和較有
意義的長篇。」〔註 17〕其「在所必談」的說法也很容易讓人聯想到《論語》
的「無所不談」。而對《風雨談》的內容，有論者稱其「大部分都是短小精悍，
以閒談形式表達出精緻的思想，為其他副刊所絕無。」〔註 18〕「短小精悍」、
「閒談形式」與「精緻思想」，也符合小品文的美學特徵。儘管拒絕提倡幽默，
但此後《朔風》也向「在所必談」的《風雨談》靠攏，談勸酒、談搔癢、談
家書、談讀書、談死、談名士、談鬥雞的風俗、談聲音、談宋人之愚、由乳

〔註 16〕　秀華：《方宗鼇先生的家庭》，《華文大阪每日》第 1 卷第 2 期，1938 年。
〔註 17〕　轉引自林棲：《讀〈風雨談〉》，《晨報・文藝周刊》1939 年 3 月 4 日。
〔註 18〕　林棲：《讀〈風雨談〉》，《晨報・文藝周刊》1939 年 3 月 4 日。

酪談到杏酪、談海淀、談乞丐、談天、談竹、談老、談罵人，以「談」爲題的文章幾乎每期都有，有時一期中有五篇之多。除了刻意的「幽默」，《朔風》確實承襲了《論語》開創的閒談小品之其他風格。不過，《朔風》從第 12 期開始突然改頭換面，改由「朔風社」編輯，由月刊變爲半月刊，欄目設置增加了「時評」「史料」，夾雜政治口號，內容日漸蕪雜，文藝比重減少，1939年 4 月出版第 18 期至 25 期合刊後即告終刊。1939 年 11 月以「學文社」名義創刊的《學文》，是《朔風》之後又一種以散文爲主的刊物。與《朔風》不同，《學文》的編輯與撰稿者是具有學院背景的青年作家，如梁雯、南星、秦佩珩、吳興華、何漫等人。《學文》也以隨筆小品爲主，但整體稍嫌平淡瑣碎，如創刊號中談腳氣、蚊子，幾近庸俗。《學文》僅出版 5 期三冊即告終刊〔註19〕，儘管此後少有以散文爲主的文學刊物，但《中國文藝》這類綜合文學期刊中，散文的數量未必占優，但創作實績勝於小說、新詩等其他門類。周作人領導的《藝文雜誌》，儘管也發表小說、新詩，還專闢「青年藝文壇」供年輕的文學愛好者初試啼聲，但雜誌最有特色的內容還數散文。

　　不過，在一般的文學刊物以外，由新民印書館發行的《中和》月刊，雖然學術色彩濃厚，卻與上海的《古今》遙相呼應，以其別具特色的筆記掌故，爲北平淪陷區的散文提供了另一種可能的範型。

第二節　《中和》與《古今》

　　現代報刊中多有筆記出現，但往往不被列入新文學範疇。「筆記」一詞最早出現於魏晉南北朝，或泛指執筆記敘的「書記」，或泛指與韻文相對應的散文文體。宋代以降，「筆記」開始廣泛用於書名，如宋祁《筆記》、陸游《老學庵筆記》、蘇軾《仇池筆記》等，「筆記」也逐步發展爲一種文類概念，專門指稱這類兼具議論雜談、考據辯證及記敘見聞的隨筆雜著。及至清代，筆記寫作與出版更形繁盛。《四庫全書總目提要》總括筆記特點爲「大抵隨意錄載，不限卷帙之多寡，不分次等之先後，興之所至，即可成編。」《四庫全書總目提要》第 122 卷卷末按語總括筆記特點爲「雜說之源，出於《論衡》。其說或抒己意，或訂俗訛，或述近聞，或綜古義，後人沿波，筆記作焉。大抵隨意錄載，不限卷帙之多寡，不分次等之先後，興之所至，即可成編。」筆

〔註19〕 第 3 至第 5 期合刊爲一冊。

記寫作的盛行始於宋朝，此後明清兩代筆記尤盛，明代筆記中的小品與清代
筆記中的學術筆記對現代散文影響最大。

　　清末民初，筆記依託報紙，以專欄的方式廣為傳佈，篇幅短小內容駁雜
的筆記寫作也越發蓬勃。桐城古文的最後捍衛者林紓就在北平《平報》連載
「鐵笛亭瑣記」和「踐卓翁短篇小說」，在上海《新申報》連載「蠡叟叢談」
等，內容都是筆記小說。文學革命之後，依然有許多文人寫作筆記，作者包
括下野政客、鴛蝴派文人，乃至新文化人。如周作人曾在《紹興教育雜誌》
上陸續登載「讀書雜錄」，1917 年 3 月抄錄舊作「一蕢軒雜錄」。前者主要摘
抄越地風俗掌故等「舊聞」，後者介紹外國文學之類「新知」。劉半農則以《新
青年》上介紹西方文學藝術的「靈霞館筆記」作為初登新文學舞臺的亮相，
被稱讚為「有清新的生氣」。隨著文學革命與新文化運動的展開，樣式古舊的
筆記借現代報刊發展為一種系列散文。周作人在《美文》中提到的《晨報》「浪
漫談」，周氏本人在《晨報副鐫》發表的「自己的園地」、「懶人的日記」、「夏
夜夢」、「綠洲」、「土之盤筵」、「雨天的書」等，《語絲》中魯迅的散文詩「野
草」、雜文「無花的薔薇」、「馬上支日記」，錢玄同雜义「廢話」、徐旭生雜文
「胡說亂道」、徐祖正的散文「山中雜記」、文藝評論「駱駝草」等，都是巧
妙結合專欄寫作的筆記文的變體。《語絲》的論學與文藝雜著中，筆記也是一
種頗具特色的文章體裁。顧頡剛的「古史雜論」、「蘄弛齋筆記」，江紹原的「禮
部文件」與「小品」，馮沅君「南宋詞人小記」以及簡又文「太平天國雜記」
等屬於述學筆記。而周作人的「茶話」、「酒後主語」，劉半農的「閒談」，魏
建功的「僑韓瑣記」等，則是偏重文藝性質的筆記雜著。筆記這種古代文體
在《語絲》中大放異彩，源自其隨意的性質與《語絲》「任意而談，無所顧忌」
的風格相契合。這種隨意性不僅使筆記與現代雜誌報刊自然結合，更使其能
夠兼容新舊文人的不同觀念與文章做法。

　　謝國楨將明清筆記的內容歸納為「雜史稗乘、鄉土風物、瑣事遺聞以及
『齊諧志怪』之流。可以說是四部中史部的雜史，子部的雜家與小說家。」〔註
20〕就內容看，除了專門刊登新文學作品的版面，現代報紙的副刊大多與之呼
應。而從形式看，明清筆記篇幅短小，儘管有一定的主題，但各自獨立成篇，
與報紙副刊的散文專欄不乏相似之處。可以說，一部分的報紙副刊是經由現
代傳播媒介改造了的中國傳統筆記。民國報刊盛行的文史筆記，如徐一士、

〔註20〕謝國楨：《前記》，謝國楨：《明清筆記談叢》，中華書局，1964 年，第 1 頁。

徐淩霄的《一士淩霄隨筆》與黃濬之《花隨人聖庵摭憶》，連同瞿兌之的《人物風俗制度叢談》一起被譽爲民國三大掌故名著。

但這類文章往往不入文學史敘述，而常因其「野史」功效受史學界之肯定。有學者評論：「晚清民初爲中國近代歷史之大變動時期，社會呈現出一種中西雜陳、新舊並存的過渡性現象。奇聞異說，層出不窮：或涉宮闈秘聞，或爲里巷瑣議，或政海宦潮之波濤起伏，或文士騷客之綺聞雅趣，或世風民習之乖迕雜錯，大都皆可於諸家筆記中得其鱗爪片羽。若排比綴緝，時可見人事之概略與大要，大之爲清代及民國史事拾遺補闕，小之亦可資瓜棚燈下笑語談助。其撰者亦多爲廣聞能文之士，或曾爲大府僚佐，參與密勿；或交遊廣泛，熟知風雲詭譎；或徜徉市井，采風聽歌，洞曉民風；而於迷信怪誕之異端又多具辨識之能力，故屬雜寫錄者蓋少，此又民國筆記之多勝前代而獨具特色者。如李孟符所撰《春冰室野乘》、袁克文所撰《辛丙秘苑》、徐一士所撰《一士談薈》等等皆爲當時人所讚譽，讀者覆蓋甚廣，影響頗大，而有裨於史事論述者，尚有多多。」〔註21〕晚清民初較重要的筆記，也因其補正史之闕的史料價值得以重新出版，如中華書局的《近代史料筆記叢刊》和山西古籍出版社的《民國筆記小說大觀》，上海書店的「民國史料筆記叢刊」等。

周作人在爲俞平伯《雜拌兒》寫的《跋》中說：「北平風俗於過年時候多吃雜拌兒，⋯⋯平伯借它來做文集的名字，大約是取它雜的意思，集內三十二篇文章，確有五分之一的樣子是有考據性質的，但是，⋯⋯這些文章也與別的抒情小品一樣是文學的作品。」認爲考據文章也是文學，對文學散文的界定還是很廣的，而《雜拌兒》的編輯風格，與古人編集筆記小品之不拘一體也有相似之處。周作人對文體的外在形式並無教條的觀念，《新文學大系散文一集》選錄顧頡剛的《古史辨自序》，廢名小說《橋》，即是一例。但周作人的這類意見在現代作家中並不普遍，白話散文追求其現代品格也必須依賴於獨立的文體。正是爲確立現代文體身份，在現代散文建構過程中，產生了追求「純散文」的趨向。這也導致了現代散文在借鑒傳統時取小品文而捨筆記。原本相當龐大的古代散文體系，最初僅在語體層面進入現代散文。直到1930 年代對晚明小品文的大肆提倡，傳統散文才在「文體」方面對現代散文

〔註21〕 來新夏：《民國筆記小說大觀序言》，《民國筆記小說大觀》，山西古籍出版社，1997 年。

產生了直接的影響。同爲傳統文類，就形式而言，小品也是筆記之一種，小品之所以能獲得獨立文體品格，主要在於其鮮明的文體特徵與審美特性，即篇幅短小、文辭簡約、獨抒性靈、韻味雋永。用晚明人形容晚明小品的話便是「幅短而神遙，墨希而旨永」〔註22〕。相較而言，筆記的內涵則寬泛得多，文體特徵並不明顯，主要依靠內容來區分。因西方文體觀念的傳播，筆記因其散漫形式與龐雜內容，不符合現代文體專門化細分化的要求。而且以「美文」化的現代散文標準來衡量，往往被歸於散文之外。

　　另一方面，現代一些較重要的筆記作者也有寫史的自我認同，如徐一士在《凌霄一士隨筆》自序中也表白寫史之志：

　　　　清史設館於民國初元，迄於昨歲，始有一《史稿》刊行。雖傳
　　志表譜，略具規模，而取材循官書文件之舊，評贊多夷猶膚飾之詞。
　　蓋與斯役者，多勝代遺臣，詞曹故吏，拘於俗例，勢所必然，以云
　　史筆則無當矣。居恒竊念，有清一代，專三百年中華之政，結五千
　　年專制之局，爲世界交通新陳代謝之鍵，是非得失，非止愛新一姓
　　所關，軌思爬梳搜輯，貢一得之愚。〔註23〕

古代筆記大致有記事與考辨兩種，後者是學術文章的重要補充（尤其在清代考據興盛之時）。現代學術體制建立後，學術話語主要由現代研究機構掌控，學術文章也彙聚至專門的學術刊物中。筆記文章則主要佔據報紙副刊，以記錄軼事爲主。以學術文章彌補國民身份的不足，也是寫作之一法。北平淪陷初期，報紙副刊是重要的文學傳播媒介，而舊式筆記是報紙副刊的重要內容。此時，《晨報》副刊《遊藝》有徐凌霄的《凌霄漢閣劇話》談梨園掌故，《新民報》副刊《明朗天》有金受申《饌餘瑣記》談飲食、署名「癡呆」的《老北平雜鈔》談舊京風俗。

　　1940 年 1 月 1 日，新民印書館發行《中和月刊》，由瞿兌之、徐一士編輯，標榜「純學術雜誌」。瞿兌之出身清末宦門，其父瞿鴻機歷任工部尚書、政務處大臣、外務部尚書。瞿氏幼年就教於王闓運、王先謙。1918 年入聖約翰大學，因熱衷學生運動被開除，轉入復旦大學。1920 年，赴北平任職交通部，

〔註22〕 唐顯悅：《媚幽閣文娛序》引鄭超宗語，轉引自吳承學：《晚明小品研究》，江
　　　　蘇古籍出版社，1998 年，第 5～6 頁。
〔註23〕 徐一士：《自序》，徐凌霄、徐一士：《凌霄一士隨筆》，山西古籍出版社，1997
　　　　年，第 7 頁。

次年任北洋政府總理顧維鈞的秘書長，此後還陸續擔任過司法部秘書、京兆尹公署秘書長、國務院秘書、財政部管理總務廳事務、署印鑄局局長、銓敘居幫辦、國史編纂處處長、財政部鹽務科稽核總所文牘股幫辦、河北省政府秘書長等職務。1928 年，瞿兌之應燕京大學講師聘，此後還在南開、清華任教。民元之前，徐凌霄曾以筆名「一士」爲上海《民聲報》撰寫「濟南通信」，後因凌霄移居北平，改由徐一士延用「一士」筆名，爲《新中國報》寫「濟南通信」，寫作過程中，因性之所近，時以掌故筆記代替通信，開始了筆記撰著。1913 年徐一士赴北平，編輯之外，繼續爲上海報界寫北平通信及撰寫筆記。1929 年，天津《國聞周報》社特約徐氏兄弟撰寫筆記，以《凌霄一士隨筆》爲題，以凌霄搜集資料，一士執筆的方式，每周刊發，延續九年，大獲好評。

　　瞿兌之與徐一士二人對筆記的偏好，在《中和》中有鮮明體現。除了用以「補白」的《竹廠筆記》與《冉庵筆記》，更有徐一士的《庚辰述往》、瞿兌之的《養和室隨筆》等專談掌故的系列文章。徐一士還專門撰寫《近代筆記過眼錄》，稱：

　　　　余喜觀雜書，於筆記之類，頗事涉獵，惟無力，不能多致，尤乏珍秘之本耳，此類著述，大抵隨意抒寫，不爲體裁所拘，而內容則自國家掌故，名人史蹟，以逮社會習俗，鄉曲瑣聞，形形色色，樊然畢陳，或莊或諧，各具態致，雖事有信誣，文有工拙，而流覽所及，時?可取，茲就所見近代人撰筆記諸種，酌爲介述，並摘錄原文，間附考訂，即謂之爲近代筆記過眼錄云。〔註24〕

1941 年 12 月 8 日太平洋戰爭爆發後，上海全面淪陷，原本寄居租界的文化人或走或隱，有的則開始與日僞當局合作，隨著 1942 年 3 月朱樸創辦《古今》，上海淪陷區迎來了文學雜誌出版的畸形繁榮，《古今》延續了 1930 年代滬上小品文潮流，也開啓了滬上文壇談古論今的風氣。早在 1930 年代，北平作家就是滬上散文雜誌的中堅力量，而爲《古今》寫稿最多的北平作家則是徐一士、謝興堯、謝剛主等筆記作家。徐一士在《古今》發表文章 26 篇，發稿量僅次於朱樸，謝興堯發表文字亦有 22 篇之多。而此前 1936 年 3 月 5 日創刊，由謝興堯主編的《逸經》，主要刊載太平天國史料與清末民初史料掌故。就曾刊載徐氏兄弟的掌故文字《凌霄漢閣筆記》、瞿兌之的《讀史零拾》、謝剛主

〔註24〕徐一士：《近代筆記過眼錄》，《中和》第 2 卷第 7 期，1941 年 7 月。

《晚明史話》。文史掌故筆記也由此進入了散文刊物，《古今》從 20、21 期合刊開始，一直在封面標榜「散文半月刊」，而到了第 45 期則改稱「文史半月刊」。

謝剛主在爲《一士類稿》作的序言中描述了爲《中和》與《古今》寫稿的北平作者群體：

> 我和一士神交雖久，但過從最密卻在事變後那一年。那時我剛從香港回來，家居極爲無聊，就常和瞿兌之、徐一士諸兄在一起談天。事變的初起，生活尚不甚貴，就約會每星期三在一塊聚餐。那時在一處聚會的朋友，除了兌之、一士和我以外，還有柯燕舲、孫念希、劉盼遂、孫海波諸兄，共總有十個人。聚會的地點，不是在兌之家，便是在燕舲和我家。我們談話，上下古今，沒有一定範圍，總是在寂寞之中，得到一點朋友晤談的快慰。一士和我都是原籍江南而家居在歷下……所以我們二人尤爲談得起勁。不久的時光，就由兌之發起了國學補修社，是每星期的朝晨，約會莘莘的學子，一起講學。很有不少的同學，得了不少的益處。後來兌之又約一士主編《中和雜誌》，一士所編共出到五卷。常爲寫稿的人，便是海波和我。在北方刊物中，總算是比較有學術性的雜誌。
>
> 民國三十一年的秋天，一士又約在上海《古今》雜誌上撰稿。在北方爲《古今》撰稿的朋友，便有兌之、一士、五知和我這幾個人。無形中又得到談話的一個機會。〔註25〕

《逸文》1945 年 4 月 10 日創刊，是由謝興堯創辦的散文專門刊物，有意延續《論語》、《人間》、《宇宙風》，「以文史學術文章爲主，也刊登『莊諧雜出、雅俗共賞、今古盡收、譯作皆有、大小悉備』的短文，內容古今文史夾雜，作者也學者作家咸集，新老混雜」，有周作人、傅芸子、傅惜華、徐一士、徐凌霄、謝剛主、王揖唐、朱炳蓀、予且（潘序祖）、雷妍等人的作品。北平淪陷區的文學刊物始自小品文雜誌《朔風》，而以文史掌故類的《逸文》結束。

周作人的知音與追隨者卻彷彿聚集在南方。周黎庵曾自述，《古今》初創時，缺乏作家支持，創刊時只約到了黃裳一人的稿件。此後，黃裳亦是爲《古今》「出力最多的作家」，「主要的班底，使古今造成今日的風格」。有趣的是，

〔註25〕謝剛主：《謝序》，徐一士：《一士類稿》，古今出版社，1944 年，第 17～18 頁。

當時逃避北方戰亂南下的學生黃裳，在上海的生活是「泡在 American Bar 裏大半天，欣賞浮世男女的一燦一笑」〔註26〕，在回憶中亦提及「DD'S 咖啡館」、「Green Room」之類頗具洋場風味的名號〔註27〕。此時的上海，即使處於異族卵翼之下，依舊保存「摩登」面目，從張愛玲其人其文中即可窺得一斑。而在摩登上海的咖啡館中與友人大談知堂的北平青年黃裳〔註28〕，也是京滬文化關係之有趣見證。

晚清民初，白話文從實用角度為自己爭取合法性，而對文學革命持保守意見的傳統作家，如林紓、嚴復、梁漱溟等人，亦有意識地結合西方純文學觀念，從「美文」角度捍衛古文，也由此質疑白話文的文學品格〔註29〕。及至文學革命勃興，以「文勝質」為致命缺陷否定文言，如胡適認為文章應有「情感」與「思想」，而不能徒具「穠麗富厚之外觀」或「沾沾於聲調字句之間」，並非從美學層面否定古文的文學形式，而是將文學的內容與形式截然區分併分別上下等級，以白話文在「質」方面的長處攻擊古文，這既是新文學家文學觀念的體現，卻也隱約可見白話文面對古文時在「文」方面的不自信。而這個時期，大力提倡白話文的主要論據也是其傳達思想內容的實用性，而非形式上的美感。與此同時，相較於對小說、戲劇、新詩的積極提倡與積極實踐，新文學家認為散文沒有什麼文學價值，只因提倡白話文後，急需在日常寫作中普及白話文做法，如傅斯年的《怎樣做白話文》：

> 我所討論的範圍，限於無韻文。……無韻文裏頭，再以雜體為限，僅當英文的 Essay 一流。……我所討論的，只是散文，——解論（Exposition）辯議（Argumentation）記敘（Narration）形狀（Description）——沒有特殊的文體。散文在文學上，沒甚高的位置，不比小說，詩歌，戲劇。但是日用必需，整年到頭的做他；小則做一篇文，大則做一部書，都是他。所以他的做法的研究，雖然是比較的容易，可也是比較的要緊哩。〔註30〕

〔註26〕南冠：《讀〈藥堂語錄〉》，《古今》20、21 期合刊，1943 年 4 月。

〔註27〕參見黃裳：《我的集外文——〈來燕榭集外文鈔〉後記》，《來燕榭集外文鈔》，作家出版社，2006 年。

〔註28〕參見南冠：《關於李卓吾——兼論知堂》，《古今》第 18 期，1942 年。

〔註29〕參見嚴復：《致熊純如書》（1919 年 8 月），王栻主編：《嚴復集》第 3 冊，中華書局，1986 年，第 699 頁。

〔註30〕傅斯年：《怎樣做白話文》，《新潮》第 1 卷第 2 期，1919 年。有趣的是，三十年代小品文熱潮中，也有許多小品文選集是以指導寫作的面貌出現。這類模

在這裡，「散文」被代表語體實用性的「白話文」取代，此時的新文學範疇中，散文尚未獲得獨立的現代文體地位。周作人 1921 年的《美文》提倡重視文章形式，此後文學界亦逐漸重視散文的文詞筆調，「絮語散文」、「文學的散文」、「美文」等名詞即反映了對現代散文新的美學要求。現代散文的「美文化」，既是文學語言的逐漸豐富，也是散文作為一種現代文體追求獨立文學品格的過程。

　　1930 年代，林語堂在上海辦《論語》、《人間世》，大力提倡小品文與幽默，同時，上海的左翼作家以魯迅為旗幟，寫作雜文抨擊小品文的徒具形式，內容空洞，並提倡側重實用性的科學小品。而 1935 年出版的何其芳的《畫夢錄》，對獨立的散文形式的追求，在現代散文發展中臻於頂點，同樣也招致過分注重形式的批評。在中國現代散文的文體建構中，往往輕視「思想」。小品文重個性的抒發，雜文是對現實的即時反應，美文講究形式的美感。魯迅與周作人之所以為現代散文之雙璧，實因其文章有文質兼勝之美。強調「思想」或可補現代散文之闕，但淪陷區特殊語境下的「思想」卻包含了太多政治意味。但「思想」也可能被政治脅迫，姑且不論魯迅，周作人在事僞後半推半就出演「思想家」即是例證之一。

第三節　沈啓無：從《近代散文抄》到《大學國文》

　　1944 年，周作人寫作《文壇的分化》細數與沈啓無反目之經過，提及「世間傳說我有四大弟子」，即俞平伯、廢名、江紹原與沈啓無，可見此時「四大弟子」之說已是文壇共識。儘管年齡相近，但相較於其他三人，沈啓無的文名與資歷都顯得不太牢靠。在《文壇的分化》中，周作人稱俞平伯、廢名、江紹原是「後輩的朋友」，唯獨沈啓無可認作弟子，蓋因「他只繼承了我的貧弱的文學意見之一部分，以及若干講義，一直沒有什麼改變，這樣所以非稱為徒弟不可」〔註31〕。其中儘管有著為自己的言論尋求道德正當性的策略考量，卻也大致道出沈啓無與周作人的關係實質，沈啓無在文壇中獲取的資源與權力，最初完全仰賴於周作人。

　　1925 年，沈啓無由金陵大學轉學至燕京大學，這一年由周作人主導的《語

　　範小品文讀本，倒與清代流行的策論選本有異曲同工之處。

〔註31〕知堂：《文壇之分化》，《中華日報》1944 年 4 月 13 日。

絲》創辦不久，此後以《語絲》爲陣地，俞平伯、江紹原、廢名已初步形成
「苦雨齋弟子」的雛形，在文學或學術上與周作人有趨同之處，也有各自的
獨特見解與長處〔註 32〕。而沈啓無此時還只是「非常崇拜周作人」的普通學
生而已。俞平伯 1926 年校訂張岱《陶庵夢憶》，曾提及「此書校讀得燕大沈
君啓無之助」〔註 33〕，此時俞平伯正在燕京大學任教，與沈啓無已有師生之
誼。周作人 1929 年 2 月 21 日的日記中，首次出現沈啓無的名字〔註 34〕，此
後二人交往漸多。1930 年，在周作人的支持下，廢名主編《駱駝草》，儘管只
維持半年時間出版 26 期，但《駱駝草》承接了《語絲》的散文傳統，也開啓
了「京派」散文的先聲。此時沈啓無正在天津河北省立女師學院任教，在《駱
駝草》也有散文發表。同年，沈啓無編選明人小品文集《冰雪小品》，周作人、
俞平伯應邀爲是書寫作序跋，先後刊發於《駱駝草》〔註 35〕。1930 年 11 月，
周作人在俞平伯的陪同下前往天津，由沈啓無接待在女師學院演講〔註 36〕。
1933 年 7 月出版的《周作人書信》中，《與俞平伯君書三十五通》寫於 1926
至 1933 年，《與廢名君書十七通》寫於 1928 至 1933 年，而《與沈啓無君書
二十五通》寫於 1931 年至 1933 年。據此也大致可以推斷四大弟子中，周作
人與沈啓無的交往乃至親近是最晚的。如沈啓無自述的那樣，「這時期和周作
人、俞平伯、廢名（馮文炳）這一班人，在文學上形成了一個小團體。」〔註
37〕而也就在 1932 年，沈啓無因編選《近代散文抄》而在文壇獲得最初的名聲。

　　《近代散文抄》分上下兩冊，由北平的人文書店出版分別於 1932 年 9 月
和 12 月出版。林語堂自稱經由《近代散文抄》方才瞭解晚明小品，由此「對
於公安竟陵派的文，稍微知其涯略了」〔註 38〕。這部文選不僅爲沈啓無贏得
最初的文名，也引領了 1930 年代明人小品文的重印與選集的熱潮。上海雜誌
公司重印《白蘇齋類集》與《陶庵夢憶》時，特地邀請沈啓無題簽書名。沈
啓無儼然成爲提倡晚明小品文的重要人物之一，《近代散文抄》也於 1934 年

〔註 32〕 參見顏浩：《〈語絲〉時期的苦雨齋弟子》，《魯迅研究月刊》2001 年第 12 期。
〔註 33〕 俞平伯：《重刊〈陶庵夢憶〉跋》，《雜拌兒》，開明出版社，1992 年，第 118
　　　　頁。
〔註 34〕 魯迅博物館藏：《周作人日記》（中冊），大象出版社，1996 年，第 598 頁。
〔註 35〕 俞平伯：《冰雪小品跋》，《駱駝草》第 20 期，1930 年 9 月 22 日，周作人《冰
　　　　雪小品選序》，《駱駝草》第 21 期，1930 年 9 月 29 日。
〔註 36〕 魯迅博物館藏：《周作人日記》（下冊），大象出版社，1996 年，第 144 頁。
〔註 37〕 黃開發整理：《沈啓無自述》，《新文學史料》，2006 年第 1 期。
〔註 38〕 林語堂：《論文》（上），《論語》第 15 期，1933 年 4 月 16 日。

由人文書店再版，直至 1957 年，還有香港的天虹出版社將其重印出版。

不過，《近代散文抄》的成功與周作人有著密切聯繫。1932 年 9 月，也就是《近代散文抄》出版的同時，周作人的《中國新文學的源流》同樣由人文書店出版，書後附有《沈啓無選輯近代散文鈔目錄》，目錄後有書店編輯尤炳圻的解釋稱：「周先生講演集，提示吾人以精澈之理論，而沈先生《散文鈔》，則供給吾人以可貴之材料，不可不兼讀也。因附錄沈書篇目於此。沈先生並囑編者爲記數語焉。」〔註 39〕既點明《近代散文抄》是支持周作人文藝理論的文章讀本，也揭示了《中國新文學的源流》出版過程中沈啓無也曾參與其事。《近代散文抄》的編選眼光正是配合了周作人的對「言志」散文的提倡，才得以引起林語堂等人的反響。

是書選目體現出的對晚明小品言志趣味的欣賞，應該是沈啓無本人文學趣味與周作人的影響之結合。沈啓無自稱在燕京讀書時便崇拜周作人，周作人在 1926 年就指出，明清名士派的文章，與現代散文的情趣幾乎一致；1928年《雜拌兒跋》則直接點明公安派是「眞實的個性的表現」，而現代散文與明代「有些相像」；同樣寫於 1928 年的《燕知草跋》再次重申，中國現代散文的源流是「公安派與英國的小品文兩者所合成」，文中所謂「現在中國情形又似乎正是明季的樣子，手拿不動竹竿的文人只好避難到藝術世界裏去」，日後也成爲對現代小品文成因與名士風格的經典論斷。

周作人對晚明小品的注意，最初是爲「國語文學」尋找傳統範本，而與胡適梳理白話文學史的思路一致，只不過胡適著眼於小說，而周作人取法於散文。在古文中尋求「國語文學」譜系的過程中，又逐漸將重心轉移至小品文與現代散文的關係。1925 年 5 月 4 日，俞平伯致信周作人，稱讚張岱《琅嬛文集》「文筆峭拔」，進而引申至明人散文，稱「行文非絕無毛病，然中絕無一俗筆；此明人丰姿卓越處」〔註 40〕。5 月 5 日周作人即回信，「現在的小文與宋明諸人之作在文字上固然有點不同，但風致實是一致，或者又加上了一點西洋影響，使他有一種新氣息而已。」〔註 41〕這一觀點經由《陶庵

〔註 39〕 平白：《附記》，周作人：《中國新文學之源流》，人文書店，1932 年，第 140頁。
〔註 40〕 轉引自孫玉蓉編纂：《俞平伯年譜》，天津人民出版社，2001 年，第 90 頁。
〔註 41〕 周作人 1925 年 5 月 5 日致俞平伯：《周作人散文全集》第 4 冊，廣西師範大學出版社，2009 年，第 622 頁。《周作人散文全集》與《周作人書信》中都誤將此信寫作時間定爲 1926 年 5 月 5 日。

夢憶序》、《雜拌兒跋》與《燕知草跋》的反覆申說，匯總於《中國新文學的源流》。其中俞平伯亦起到重要作用，前述周作人闡述散文觀念的書信與序跋都與俞平伯有關。俞平伯本人此時也對晚明小品有著特別的興趣，1925年8月，俞平伯戲作小文《夢遊》，周作人錢玄同都認爲文章出自明人之手。1926年《夢遊》在《語絲》發表，俞平伯還特地寫作「附記」說明這段軼事，口吻頗爲自得。朱自清在《燕知草序》中也重述這段趣事，作爲俞平伯的「性情行徑，有些像明朝人」的一種證據。1926年，俞平伯親自校訂標點《陶庵夢憶》，並請周作人爲重刊此書作序。周作人在《燕知草跋》中也稱俞平伯文字「雅致」處近於明朝人，《燕知草》與張岱《琅嬛文集》相比，「各占一個時代的地位」〔註42〕。《中國新文學的源流》則將俞平伯、廢名與竟陵派相比。

值得注意的是，《近代散文抄》的前身是編選於1930年的《冰雪小品》，《冰雪小品》的選目已不可考，不過周作人1932年爲《近代散文抄》寫的《新序》中曾說：「在近來兩三年內啓無利用北平各圖書館和私家所藏名人文集，精密選擇」〔註43〕，可以推測1930至1932年間，沈啓無在繼續增補這部散文選集的篇目，《近代散文抄》的選目應當超出了《冰雪小品》的範圍。而在這兩年之間，沈啓無本人的現代散文觀，也在發生變化。

1930年6月，沈啓無正在河北省立女子師範學院任教，在該校出版的文學刊物《朝華》中，以筆名「其無」發表了一篇長文《談談小品文》。儘管文中引用了周作人《陶庵夢憶序》和《燕知草跋》的論述，但相較於周作人更偏重傳統資源的散文觀，此時沈啓無對現代散文的認同明顯傾向於英國Essay，他認爲「中國小品散文……直接所受的影響，還是西洋的影響爲多」，不僅分析Essay的文體特點，更原文摘引英國作家Alexander Smith的*On the Writing of Essays*中的大段論述，藉以表達其心目中理想的散文形態。文後還開列了幾種「中外小品文的著作」，中國作家有袁宏道、王思任、陳繼儒、張岱、尤侗五人，外國則有蘭姆、吉辛、史密斯、史蒂文森、露加斯、米爾內六人。如他自己所說，這篇文章「從現代的小品文說到西洋的Essay，又從Essay

---

〔註42〕 周作人：《〈燕知草〉跋》，《周作人散文全集》第5冊，廣西師範大學出版社，2009年，519頁。
〔註43〕 《周作人新序》，沈啓無選編，黃開發校訂：《近代散文抄》，第3頁，東方出版社，2005年。

說到中國過去的小品文，拉雜寫來，眞有些不得要領罷」。

> 　　實在我的意思是要說明小品文在中國其源流本來很早，中間雖
> 經過不少的間斷，但它還是暗暗地在那裡推進，滋長不息，不過精
> 神面目自然與現代的不同。現代的小品文直接受了西洋的影響，在
> 思想上，在體制上，都有了顯著的改變，和在西洋文學上單成一體
> 的 Essay 者，似乎很是接近了。〔註44〕

將晚明小品與英國 Essay 視作小品文範本，似乎難脫周作人所謂「公安派與英
國小品文」的中國新散文源流論，但仔細分辨的話可以看出，沈啓無關於小
品文的中國源流的論斷，可以說是照搬周作人的觀點；而強調西洋的影響，
乃至將 Essay 視作小品文發展目標，則與周作人此時的觀點大異其趣。

　　及至 1932 年，沈啓無在《近代散文抄》中的論述，則已完全認同周作人
的「文藝復興」說，認爲現代散文是公安派的復興，只是吸收了佛教、日本
及西洋的文學，稱公安竟陵是明末的「新文學運動」，字裏行間已難覓 Essay
的蹤跡。可以說，此時沈啓無已完全認同周作人的文學觀與散文觀，就如同
《近代散文抄》依附於《中國新文學的源流》。因此，儘管「我常常想選一本
小品文集子，從現代作家推溯到明清，再由明清推到唐宋，再上去而六朝，
這定是一件很有意思的工作。」〔註45〕但在 1930 年代，沈啓無的眼光尚局限
於明清小品文，直到 1942 年出版的《大學國文》中，才眞正開始嘗試由現代
作家上溯至六朝文章的工作。

　　1942 年 11 月，新民印書館出版了沈啓無編選的《大學國文》，同樣分上
下兩冊。此時廢名遠走黃梅，俞平伯與江紹原雖在北平卻形同隱居，唯獨沈
啓無跟隨周作人加入僞北京大學，更任職中文系主任，《大學國文》的底本就
是沈啓無在僞北大的授課講義。分列「風土民俗」、「筆記小說」、「記遊」、「日
記」、「書信尺牘」、「序跋題記」、「傳記墓誌」、「紀念」、「讀書札記」、「楚辭
小賦」十種文類。入選作家不拘朝代，以晚明與六朝人居多，周作人、俞平
伯、廢名等現代作家也躋身其中，目錄中還注明選文之版本。相較於《近代
散文抄》，《大學國文》選目的時代與文類都大大擴展。沈啓無此時闡述的文
學觀也突破了早前明清小品的界限，在序言中說：

〔註44〕其無：《談談小品文》，《朝華》第 1 卷第 6 期，1930 年 6 月。
〔註45〕其無：《談談小品文》，《朝華》第 1 卷第 6 期，1930 年 6 月。

　　我平常很重視實質的，因此也非常地看重經驗，覺得我們在一個現代文明空氣之下，對於中國過去舊文學，應具有一個再認識的態度，這個再認識，可以說仍是承受五四時代前後的文人的責任與義務，這當然又是一種痛苦的義務了。若那種盲然的推翻或茫然的接受，我們殆均無能爲役，還只能辛苦冷靜地保持著所謂一點一滴的態度而進行。因此，我覺得新文學發展的途徑上，後期的作風乃有一種古典派的成立不是偶然的，這與沿著胡先生一派下來的通俗普遍並沒有什麼衝突，一個是求深（文學上求其深），一個是求廣（文化上求其廣），必須把握得住這兩個源流，中國新文學的意義才整個完全，才不會落到偏枯的一面。最早新文學的運動原是新文化運動的產果，胡先生初期白話文的提倡之得以成功，正是文化上一個必然的趨勢，以後的白話文乃單獨成爲新文學的事情了，在文藝本身自然有待於補充結實，卻再返回中國舊文學裏去專取其所長，醞釀成一種古典的作風，像這樣的一個有意識的成熟發展，正也是一條必然的道路。……

　　我選這部大學國文，實亦即是站在這樣重質的再認識的觀點上，想把文章的領域擴展，希望廣大與深永二者同時能夠兼顧得到，或者古典的精義與現代的寫實鎔爲一爐。〔註46〕

相較於《近代散文選》時期，憑藉周作人提倡的「言志」傳統，坦然褒舉晚明小品，此時的沈啓無，則與淪陷時期大多數作家一樣，希望將自己的文學觀接續「五四」新文學傳統，因此要爲編選古文這一行爲洗刷「復古」的嫌疑。他指出胡適一派務實的白話文，是新文化運動的必然趨勢，屬於文化範疇，而轉向古文尋求資源，則是新文學發展的自然需求，是對文學本體的補充修正。沈啓無此時立論的中心，也從此前的晚明小品與中國現代散文之關係，擴大爲中國新文學與傳統文學之關係。1943 年沈啓無陪同周作人南下演講，本人也在僞中央大學作了兩次演講，分別是 4 月 12 日的《對於中國文學的再認識》，以及 4 月 13 日的《中國新文學的背景和特色》〔註47〕。前者著

〔註46〕沈啓無：《大學國文序》，《大學國文》（上），新民印書館，1942 年。

〔註47〕參見《對於中國文學的再認識——四月十二日沈啓無先生演講》，《中大周刊》第 97 期，1943 年 5 月 3 日，《中國新文學的背景和特色——沈啓無先生演講》，《中大周刊》第 99 期，1943 年 5 月 17 日。

眼於新與舊、現代與傳統之辯證關係，反思「五四」激進的反傳統立場。後者則進一步分析胡適的白話文學觀，認為白話文的普遍應用是新文化運動的結果，新文化運動則是「思想的運動」，而非「文體改革」，與《大學國文序》一樣，是在「文學」範疇為其傳統主義立場尋求根據。相對於《近代散文選》只取明清小品，《大學國文》不設時代界限，也是沈啓無此時「全的觀念」〔註48〕。不過，與周作人這一時期在南京、蘇州等地所作演講相比，沈啓無在這兩篇演講中的立論，仍舊沒有超出周作人建構的「整個的中國文學」的範疇〔註49〕，見解亦學步周作人《中國新文學的源流》。此時的沈啓無以「再認識」為立場，將傳統文學納入「全」的文學觀念。不僅以「重質的再認識的觀點」，拓寬文章領域，還要對中國文學予以「再認識」，歸根結底是要從思想上認識古今的聯繫。而思想正是此時周作人「整個的中國文學」立論之根據。1943年3月6日《中華日報》刊發周作人《中國的思想問題》，次日，沈啓無就在《中華日報》專欄「星期論文」發表《文化與思想》，對「傳統思想或固有的中心思想」之強調，既是附和汪僞政府的文化宣傳策略，卻也難免流露周作人的影響。有趣的是，周作人的現代散文觀念的逐漸完善，也可以說是源自課堂教學。1945年寫作的《關於近代散文》中，周作人回憶了1922年在燕京大學擔任中國文學系「新文學組」的教學，到1932年在輔仁大學作「中國新文學的源流」演講，其中國現代散文觀形成的過程〔註50〕。從《近代散文抄》到《大學國文》，儘管沈啓無的文學建構有所擴展，但無論散文創作或是散文理論，仍然處於周作人的蔭蔽之下。

　　1943年因《藝文雜誌》與周作人發生矛盾後，沈啓無轉而創辦《文學集刊》，《文學集刊》共出版兩輯，欄目編排順序是文藝論文、新詩、散文、小說、譯文，將論文排列於篇首是當時許多文藝雜誌的通例，但將新詩置於文藝創作之首，卻是淪陷時期北平文壇卻屬罕見。不僅如此，雜誌開篇的論文也都與詩有關，且都出自廢名之手，分別是《新詩應該是自由詩》，《以往的詩文學與新詩》。廢名本以小說家著稱，1935年至1936年在北大國文系講授

〔註48〕沈啓無：《對於中國文學的再認識——四月十二日沈啓無先生演講》，《中大周刊》第97期，1943年5月3日。

〔註49〕參見周作人4月13日上午僞中央大學演講《人的文學之根源》，4月14日南方大學演講《整個的中國文學》。

〔註50〕參見周作人：《關於近代散文》，《周作人散文全集》第9冊，廣西師範大學出版社，2009年，第588～589頁。

新詩。1940 年至 1941 年，青年詩人朱英誕在偽北大文學院講授新詩，使用講稿的底本即是沈啓無保留的廢名講義。1944 年，曾經受教於廢名的偽北大文學院的青年教師李曼茵，將廢名的講義結集爲《談新詩》，由藝文社出版。同年 4 月，廢名與沈啓無的新詩合集《水邊》，由新民印書館出版。詩人廢名的名聲遠不及小說家廢名，但經由沈啓無的引導，由偽北大文學院的青年教師推波助瀾，廢名的新詩創作與新詩觀，卻彷彿在淪陷後的北平產生不小的影響。乃至有論者認爲，40 年代淪陷區活躍著一個詩人群體曰「廢名圈」，儘管廢名此時遠在黃梅，但他在北平的「詩學上的影響卻戲劇性地達到了一個高峰」〔註 51〕。但仔細分析，這種「影響」難免摻雜淪陷時期畸形文學場域權力角逐的陰影，沈啓無對廢名的褒舉未嘗不是在散文之外「另闢蹊徑」，爲自己尋找新的文學資源以對抗周作人。不過，沈啓無的大費周章，也許全不及周作人一篇《懷廢名》來得舉重若輕、淡泊自然〔註 52〕。

〔註 51〕陳均：《廢名圈、晚唐詩及另類現代性》，《新詩評論》2007 年第 2 輯，北京大學出版社，2007 年。

〔註 52〕參見周作人：《懷廢名》，《古今》第 20、21 期合刊，1943 年 4 月。

第三章 美文與 Essay

第一節 北平淪陷時期校園散文概況

　　燕京大學、輔仁大學，與偽北京大學，是北平淪陷時期校園文學最重要的活動空間。燕京與輔仁因其教會背景，具有相對獨立的辦學品格，是北平淪陷時期的一方「綠洲」。太平洋戰爭爆發前，以司徒雷登爲代表的燕京校方，在日僞當局與中國師生之間所作的斡旋是相當圓滑而富有智慧的，「燕京的方針必須限制在維持一所自由大學，而不是一所傀儡大學。但走得太遠，使之變成一所抗日宣傳和抗日活動的中心，就會有致命的危險。」〔註1〕一方面，燕京盡量維持學校在各種政治力量之間的中立——不牽涉任何政治勢力，不管是日本侵略軍及其扶植的傀儡，或是潛伏在地下的共產黨。另一方面，燕京嚴格控制學生活動，校方規定：除了食品委員會之類特殊委員會，學生會必須停止活動；所有學生組織必須登記，召集會議必須事先得到批准；學生不得在公告欄張貼通告；學生離開校園必須登記；發表稿件必須經過批准；不得訂閱和保有令當局不滿的書刊。違反上述規定可能會被開除〔註2〕。燕京將學生留在校園內，也將日僞勢力擋在校園外。聘請日本考古學家鳥居龍藏，最能體現燕京主事者的行事風格。日僞當局爲加強奴化教育與控制管理，要求北平各校必須聘請日本教員，司徒雷登便先發制人地聘請了日本著名的考

〔註 1〕〔美〕艾德敷著，劉天路譯：《燕京大學》，珠海出版社，2005 年，第 282 頁。
〔註 2〕參見〔美〕艾德敷著，劉天路譯：《燕京大學》，珠海出版社，2005 年，第 282
　　　～283 頁。

古學家鳥居龍藏，儘管有一個兒子在軍隊服役，但鳥居及其家人都反對戰爭，直至燕京被日僞封校，鳥居一家仍固守北平城內，拒絕接受日本方面的經濟援助，直至戰爭結束，由司徒雷登親自接迴學校。淪陷時期，燕京大學與其他學校一樣，陸續有師生逃離北平，但另一方面，一些留守北平的學人因其他高校的關閉或「僞化」，轉向燕京等教會學校，尋求「純潔」的經濟來源。北平之外的淪陷地區的青年學生，也紛紛投考燕京、輔仁等學校。1938 年，燕京的學生減少了 220 人，但 1939 年開始逐年增加，1939 年秋天 982 人，1940 年達到 1026 人，1941 年則達到 1150 人。

司徒雷登稱燕京大學爲「小小的自由綠洲」〔註3〕，但生活在「綠洲」中的學生也有其痛苦。一位即將南下的研究生寫道：「南方的朋友指責我們，這裡的敵人憎恨我們。但我相信，我們盡可能長久地辦下去，是完全正確的。在這裡保留一批年輕人接受自由教育，非常有價值。如果我們關閉學校，那正是我們的敵人所希望的，至少會有一部分學生被迫走到他們那邊去。」〔註4〕校園內外的新老作家都承受著淪陷區政治「非法化」帶來的壓力，但同時，非政治化的文學反而可能獲得政治正確性。不同於周作人這類老作家在沉默與言說之間彷徨，校園內的青年學生做出的選擇則要輕鬆許多，林榕說：「只有對於一切都已經說完了，再也沒有什麼可說的人，沉默才是可怕的，痛苦的；對於還沒有開始自己的說話的人呢——對於他們，沉默是簡單的，輕鬆的。」〔註5〕他們打破沉默的方式也是「簡單的，輕鬆的」，但是尋找「自己的說話」方式的過程，卻同樣步步荊棘。

「國立北京女子師範學院」的學生社團文藝研究會，在 1939 年出版過兩期《文藝》，是爲北平淪陷後最早出現的學生文藝刊物。但該刊雖以「文藝」爲名，實際文藝創作並不多，佔據較大篇幅的是教員沈啓無、陳介白、俞士鎮等人的古典文學論文。北平淪陷後的校園文學活動主要還是集中在燕京大學與輔仁大學。如前所述，這兩所學校在淪陷時期，得以維持相對穩定的文學空間，兩校的學生中也不乏戰前就開始文藝創作的青年作家。

燕京大學新聞系學生主辦的實習報紙《燕京新聞》一直維持到 1941 年 12

〔註 3〕〔美〕約翰・司徒雷登著，程宗家譯：《在華五十年——司徒雷登回憶錄》，北京出版社，1982 年，第 128 頁。

〔註 4〕〔美〕艾德敷著，劉天路譯：《燕京大學》，珠海出版社，2005 年，第 285～286 頁。

〔註 5〕慕容慧文：《寄居草・井》，《中國文藝》第 2 卷第 3 期，1940 年 5 月。

月。淪陷時期，該報先後有四種文藝副刊：《文藝副鐫》（1937 年 9 月 30 日至
1939 年 6 月 3 日，25 期），《勺園》（1938 年 4 月 12 日～6 月）、《楓島》（1939
年 9 月 1 日至 1940 年 2 月 17 日，17 期）和《文藝》（1940 年 9 月 20 日～12
月 8 日，11 期）〔註6〕。這四種副刊都以新文藝創作與評論爲主，《楓島》多
發表詩歌和散文，出版過「詩歌專號」和「散文專號」。撰稿人主要是燕京和
輔仁的學生，如吳興華、宋悌芬、秦佩珩、孫羽、李景慈、查顯琳、林榕、
畢基初、張秀亞等，偶而也有燕京教師陸志偉、郭紹虞、閻簡弼等人的文章
發表。

　　1939 年，燕京學生吳興華、秦佩珩、孫以亮、張茵陳、何漫等人與南星
合作，創辦文藝半月刊《籬樹》，主要發表詩歌、散文，共出兩期。1940 年 5
月，燕京大學出版新文學創作評論叢刊《燕園集》，有陸志韋、郭紹虞等人的
詩論，秦佩珩等人的散文，吳興華、孫羽、汪玉岑等人的散文和詩，僅出版
了第 1 輯。1941 年 3 月 25 日，燕京大學新聞系學生的「燕京水星社」創辦《燕
京水星》半月刊，該刊物容量比《燕京文學》更大，內容廣泛一些，除了刊
發師生的文藝作品外，也有指導學生生活、介紹學生應有的知識、討論學生
關心的問題的文章。出至第 3 期（4 月 25 日）終刊。文學作品方面有青年教
師高名凱，學生唐珊、余薇等人的散文，學生竺磊、魯健等人的小說。《燕京
新聞》的副刊受篇幅限制，其他幾種期刊發行時間都很短，流傳範圍也不廣，
如《燕京水星》的長期訂戶有五百人，零售近百冊〔註7〕，每期讀者總計不過
六百人。燕京大學最重要的校園文學刊物當數《燕京文學》。1940 年 11 月 20
日創刊的《燕京文學》是半月刊，每六期一卷，從第 3 卷開始改爲月刊，出
至 1941 年 11 月 10 日 3 卷 2 期因日軍封校而停刊。該刊由校長陸志韋和教授
郭紹虞任顧問，由「燕京文學社」編輯兼發行人。該刊接受外稿，但作者以
燕京學生宋悌芬、吳興華、孫羽、葛力、黃宗江、石奔、王戟、張茵陳、郭
蕊、張芝聯、秦佩珩、竺磊、商頌等爲主。內容兼顧文學評論、詩歌、散文、
小說和話劇，以宋悌芬的文學評論與吳興華的詩歌創作最有特色，被張泉評
價爲「具有學院氣和唯美主義傾向」〔註8〕。

〔註6〕參見封世輝編著：《中國淪陷區散文大系・史料卷》，廣西教育出版社，2000
　　　年。
〔註7〕參見《燕京水星因故停刊》，《燕京新聞》1941 年 5 月 17 日，第 3 版。
〔註8〕張泉：《淪陷時期北京文學八年》，中國和平文學出版社，1994 年，第 85 頁。

　　《輔仁文苑》是北平淪陷時期的校園刊物中影響最大的一種。1939 年 4 月，輔仁學生張秀亞、李景慈、張眞，燕京學生秦佩珩、吳興華等人發起輔仁文藝社，編輯發行純文藝季刊《文苑》。從第 2 輯開始，《文苑》改名《輔仁文苑》，由校方負擔印費，成爲輔仁的正式校刊，燕大學生隨之退出編輯部，但刊物仍接受校外稿件。從 1939 年 4 月至 1942 年 4 月，共出版 11 輯，1939 年 12 月 25 日出版過一冊《聖誕增刊》。與《燕京文學》一樣，《輔仁文苑》主要發表文藝論文、小說、散文、詩歌、戲劇、批評和翻譯等，前者每期 20 頁的篇幅，《輔仁文苑》每期逾百頁十餘萬字。也因爲有足夠篇幅，《輔仁文苑》發表了一些重要的文學論文，如第一輯刊發了劉鶚之子劉季英的《關於老殘遊記》，燕京西洋文學系主任謝迪克（H. E. Shadick）《一個外國人對老殘遊記的印象》。輔仁大學的教師李霽野、劉佩韋等人也有文學論文或譯文發表，如有劉志葦談新詩，郭麟閣談戲劇，李霽野譯的托爾斯泰介紹文字。《輔仁文苑》的影響範圍遠及校外，除了輔仁、燕京兩校，北平淪陷時期最重要的學校應是僞北京大學。集結了周作人、錢稻孫、不同於輔仁、燕京以學生爲校園文學的主要力量，僞北大文學刊物的編創者主要是文學院的教師。沈啓無以僞北京大學文學院爲平臺，集合李景慈、南星、朱英誕、李道靜、李曼茵等年輕作家。或許因爲這批作家掌握著較多文學資源，且更重視作品在校園外的影響，僞北大的三種文學刊物都只出版了一期。

　　1939 年的《詩與散文》，作者包擴周作人、沈啓無、尤炳圻、陳介白、張我軍、聞國新、林榕、南星、李道靜、李曼茵、朱英誕等人，都是僞北大的教職人員。1941 年 1 月出版的《文藝雜誌》的情況也與之相近。作者有南星、李曼茵、李道靜、趙宗濂、聞國新、林榕、張秀亞、朱英誕、方紀生等。1943 年 6 月發刊的《北大文學》，在宗旨與內容方面似乎原本有較大的規劃。周作人撰寫的《發刊詞》聲明：該刊爲文學院院刊，預計每年 4 期，專爲供給本院學生發表作品，不收外稿。且由於本院有五學系，因此內容兼容文史哲，並不限於文藝〔註9〕。但這份刊物實際也只出版了 1 期，內容仍以文藝爲主，除了沈啓無、朱肇洛、傅芸子、鄭騫、林榕、增田涉的論文之外，文藝部分以學生創作的詩歌爲最多，此外還有李道靜、黃雨、聞國新、陸白人、岳蓬等人的小說、詩歌和散文，以及錢稻孫、朱芳濟的譯文。

　　淪陷前，不僅大學生熱衷文學創作，自辦刊物，北平的中學也不乏各種

〔註 9〕周作人：《發刊詞》，《北大文學》第 1 輯，1943 年 6 月。

文學青年,許多中學在校刊之外還辦有專門的文學刊物,青年作家李景慈、秦佩珩等人中學時期都編輯過校刊。但淪陷後,一方面學校數量大幅減少,一方面日偽對中學嚴厲控制,中學校園中原本興盛的文學活動也逐漸衰歇。北平淪陷時期較重要的中學文學刊物只有《覆瓿》一種,由教會學校匯文中學主辦,從 1939 年 10 月 1 日至 1940 年 5 月 1 日,共出版 8 期。李戲魚編輯。計劃學生稿件與外稿各占一半。作者有周作人、畢樹棠、郭紹虞、楊丙辰、俞平伯、顧隨、朱炳孫、程心枌、王石子、宋悌芬、吳興華、林棲、聞青、徐羽冰、秦佩珩、阿茨、林培志、白金等,作者中有不少匯文校友。

　　青年作家是北平淪陷時期散文作者的主力軍之一,早前的研究已經達成一種「共識」,認爲北平淪陷區散文形態大致有兩種:「詩化散文」與「隨筆」,前者以校園作家爲主,受何其芳影響,後者以《中國文藝》作家爲主,受周作人影響〔註10〕。《中國淪陷區文學大系散文卷導言》進一步將「著眼於凡俗生活的隨筆」稱爲「散文家的散文」,「精心構製『遠方的夢』的小品」則是「詩人的散文」。前者固然能表現日常生活中蘊含的生命價值,卻也可能限於平庸與瑣碎;後者追求綺麗的形式與幽深豐富的含意,但必須有豐富的想像力與藝術創造力作支持〔註11〕。張泉則將當時的散文作品分爲三類:周作人式的隨筆小品;抒情狀物散文;論說散文〔註12〕,前兩類大致相當於「隨筆」與「詩化散文」。

　　1936 年,《大公報》發起評選「文藝獎金」,1937 年 5 月揭曉評獎結果,得獎作品爲曹禺的話劇《日出》、蘆焚的小說集《穀》,以及何其芳的散文集《畫夢錄》。對《畫夢錄》的評語爲:

　　　　在過去,混雜於幽默小品中間,散文一向給我們的印象多是順
　　　手拈來的即景文章而已,在市場上雖曾走過紅運,在文學部門中卻
　　　常爲人輕視。《畫夢錄》是一種獨立的藝術製作,有它超達深遠的情
　　　趣。〔註13〕

〔註10〕 如謝茂松、葉彤、錢理群:《導言》,《中國淪陷區散文大系·散文卷》,廣西教育出版社,1998 年,第 4 頁;高翔、薛勤:《東北、華北淪陷區文學比較研究》,《社會科學戰線》2000 年第 5 期;曹鈴:《孤獨者的夜歌——論北平淪陷區校園散文的詩化傾向》,北京師範大學碩士學位論文,2008 年。

〔註11〕 謝茂松、葉彤、錢理群:《導言》,《淪陷區文學大系散文卷》,廣西教育出版社,1998 年,第 19～21 頁。

〔註12〕 張泉:《淪陷時期北京文學八年》,中國和平文學出版社,1994 年,第 19 頁。

〔註13〕 《本報文藝獎金揭曉》,《大公報》1937 年 5 月 15 日。

至此，經由《駱駝草》、《學文》、《水星》、《大公報・文藝副刊》、《文學雜誌》中的散文創作建立起來的「京派」散文風格，至此趨於頂峰。「京派」對現代散文的想像，也延續至淪陷以後對北平淪陷時期的散文形態，而同樣成長於學院的何其芳及其「詩化散文」的影響，也主要及於校園之中。不過，過分強調何其芳對校園散文的影響，可能導致這樣一種偏頗：對何其芳前期散文的單一體認，遮蔽了「京派」文學觀念與散文創作對淪陷時期校園作家的多方面影響，也局限了對淪陷時期校園散文創作面貌的完整認知。比如有的研究直接以北平淪陷時期校園散文的「詩化傾向」為論題，認為這個時期北平校園散文的重要主題是「故鄉」、「童年」、「愛情」、「懷友人」、「夢」，表現方式以「獨語」為特點；常見的意象有「明月」、「寒風」、「落葉」、「枯葉」、「枯枝」，構建了飄渺、遼遠的意境。相較於何其芳、李廣田、麗尼等早期詩化散文的代表作家，這批校園散文有更強烈的漂泊情緒，沉迷於建構「遼遠的夢」〔註14〕。《導言》認為，年青作者的散文呈現出「漂泊者」的姿態，他們借散文寫作來「遙望『遠方』，沉迷於『夢』的世界」〔註15〕。

第二節　何其芳與露加斯

　　淪陷時期北平的校園作家對何其芳確實具有特別的熱情，燕京校園文學的領袖人物宋悌芬，在《燕京文學》創刊號中，以筆名歐陽竟發表《談何其芳的散文》，文中圍繞何其芳散文的「獨語」特點，批評其缺乏生命力，人工的成分太多。「在另一方面他使我們瞭解散文的目的不僅在說出來，而且也在怎麼說。在另一方面他使我們的語言比以前更美，更純粹，他教我們如何用字。」「可是一切不能過度，我們以為過分提倡這種散文是危險的。……在中國，連一個有生命，有力量的表現工具都得找到，先來提倡這樣散文未免操之過急。」〔註16〕歐陽方明《何其芳的散文之路》，沒有直接批評《畫夢錄》的精緻雕琢，但欣喜於《還鄉日記》展現出的「更廣闊的宇宙」，藝術表現手

〔註14〕　參見曹鈴：《孤獨者的夜歌──論北平淪陷區校園散文的詩化傾向》，北京師範大學碩士學位論文，2008 年，第 3 頁。

〔註15〕　謝茂松、葉彤、錢理群：《導言》，《淪陷區文學大系散文卷》，廣西教育出版社，1998 年，第 17 頁。

〔註16〕　歐陽竟：《談何其芳的散文》，《燕京文學》第 1 卷第 1 期，1940 年 11 月。

法的調整，以及作者思想情感「結實明朗」的趨向。並期待著作者在新的方向上獲得「一種燦爛果實的生長」〔註 17〕。

　　青年作家林榕最能體現何其芳的「美文」傳統對淪陷區校園作家的影響。林榕原名李景慈，北平淪陷後考入輔仁大學中文系，在校期間參與《輔仁文苑》編輯寫作事務。1941 年大學畢業後，由儲皖峰介紹結識沈啓無，任僞北京大學文學院中國文學系助教，在文學院的工作一直延續到抗戰勝利。北大教職之外的兼職有：藝文中學高中國文與修身課教師，新民印書館《新進作家集》、《文學集刊》編輯，《新民報半月刊》文藝編輯，撰寫雜文與評論。與僞北京大學文學院沈啓無、朱肇洛、杜南星、朱英誕、聞國新、李曼茵、李道靜等，以《中國文藝》爲中心展開文學活動。此外先後參加華北文藝協會和華北作家協會。1944 年 1 月《中國文藝》改爲《中國文學》後，依舊積極參與寫稿〔註 18〕。林榕的創作力相當旺盛，除了散文，還寫作了大量文學評論，每年都以筆名「楚天闊」發表對過去一年文壇情況的總評性文字。林榕認爲，在淪陷區，魯迅風的雜文已「中斷了它的發展路線」，周作人風格的文章「除他自己之外，別人眞很少寫得出」，眞正對散文創作有巨大影響的是何其芳，但是模仿《畫夢錄》導致了過分重視技巧的不良風氣，這類散文常是無病呻吟，毫無具體的眞實情感。欲矯正此病，只能充實作者的生活經驗，並借助書本知識擴大見聞〔註 19〕。

　　但和許多年輕作家一樣，林榕本人的散文創作也沒能超越《畫夢錄》塑造的範型。從文章題目看，《寄居草》、《爐邊夜話》，都不出「畫夢錄」的範疇。具體到行文中，「淳于棼望著樹底的一點小穴，他卻夢遊到那樣廣闊的『大槐安國』」〔註 20〕，用典與意境也明顯脫胎於《畫夢錄》。

　　困於危城與淪陷區的青年作家無法像何其芳那樣在跋山涉水的行程中接觸另一種生活的質感，也難以效法周作人將書本傳遞的知識經驗圓融地化入自己的創作，此時，域外的「小品文」爲他們提供了助力。

　　同爲漢園三詩人的李廣田，實際散文成就高於詩歌，他在《畫廊集》

〔註 17〕歐陽方明：《何其芳的散文之路》，《藝文雜誌》第 1 卷第 3 期，1943 年 9 月。
〔註 18〕參見杉野要吉編著「淪陷下北京 1937～45，交爭する中國文學と日本文學」、三元社、2002 年。
〔註 19〕上官蓉：《目前創作上的幾個問題》，《中國文藝》，第 6 卷第 6 期，1942 年 8 月。
〔註 20〕林榕：《嚴冬夜輯：序之章》，《文苑》第 1 輯，1939 年 4 月。

中自稱「鄉下人」，而為自己田園風格的樸實文體尋找的傳統，則是海外的 G. White, W. H. Hudson 和 Martin. G. White 即英國博物學家 Gilbert White 他的《塞爾彭自然史》既是一部自然科學史，又是一部別具田園情調的別致散文，曾被周作人揄揚。阿根廷人 W. H. Hudson, 1874 年定居英國，既是作家又兼生物學家，李廣田曾寫《何德森及其著書》為之介紹〔註 21〕。所謂「Martin 道旁的智慧」，即英國作家瑪爾廷所作《道旁的智慧》，李健吾評價《畫廊集》時說：「所有李廣田先生解釋介紹英人瑪爾廷的《道旁的智慧》的話，幾乎全盤可以移來，成為《畫廊集》的注腳。」〔註 22〕李廣田有一篇《野店》就與其《籬笆路邊的荷馬》有神似之處。李廣田不僅傾心於懷特開創的英式田園小品，其創作也深得此中三味。中國古代有田園詩傳統，卻只有山水小品而無真正意義上的田園散文。這也許是李廣田向海外求範文的原因之一，卻也顯示出因英語教育的普及，現代作家中的青年一代，通過閱讀外文原典，直接接觸到英國散文，由 1920 年代即被介紹的英國 Essay，由此可能深入介入中國現代散文的文體建構。卜立德就曾提及，由於英文教育發展很快，知識分子可以直接讀原文，如唐弢儘管沒上大學，仍自習英文，且愛讀吉辛的隨筆〔註 23〕。已有論者注意到「京派」作家尤其是青年作家對西班牙作家阿左林的喜好〔註 24〕，但英國散文對學院中人的影響討論的還不充分。

早在 1921 年，周作人就舉艾迪生、蘭姆、歐文、高爾斯華綏、吉辛、切斯特頓等人為例，以「美文」為名介紹英國散文，認為可做現代散文的模本。1924 年 10 月 6 日的《時事新報‧文學》第 142 號，將這篇《美文》與王統照《純散文》和朱湘的《桌話 table-talk》一起刊發，集中闡發「美文」範疇的 Essay 文體。1925 年，魯迅譯出了廚川白村《出了象牙之塔》，「如果是冬天，便坐在暖爐旁邊的安樂椅子上，倘在夏天，則披浴衣，啜苦茗，隨隨便便，和好友任心閒話，將這些話照樣地移在紙上的東西，就是 Essay。」書中這段形象描述，塑造了中國新文學界對 Essay 的普遍認知。1926 年，胡夢華在《小

〔註 21〕 發表於 1934 年《文學評論》1 卷 1 期，後收入《畫廊集》。
〔註 22〕 劉西渭：《咀華集》，文化生活出版社，1936 年，第 187 頁。
〔註 23〕 參見卜立德：《英國隨筆與中國現代散文》，《中國現代文學研究叢刊》，1989 年第 3 期。
〔註 24〕 如高恒文：《京派文人：學院派的風采》，上海教育出版社，2000 年，馬俊江《阿索林和京派作家的文化情懷》，《現代中國文化與文學》2005 年第 2 期。

說月報》發表《絮語散文》，介紹西方 Familiar Essay 概念，梳理了這一文類由蒙田到蘭姆與赫茲利特的發展沿革。

　　但新文學界對 Essay 的介紹大多只停留在理論的提倡，而很少譯介具體作品。「五四」以降的文學翻譯中，散文數量原本就不多，而在有限的譯介中，又以俄國的散文及散文詩為主，如屠格涅夫的作品〔註25〕。周作人在《語絲》發表的斯威夫特的《育嬰芻議》，是為數不多的真正具有 Essay 品格的譯作。1928 年的《〈燕知草〉跋》中，周作人提出「中國新散文的源流」是「公安派與英國的小品文兩者所合成」〔註 26〕。此後「論語派」提倡小品文的同時，有《宇宙風》從「幽默」著眼提倡「西洋雜誌文」，

　　1930 年代小品文選本盛行之時，也擇取部分外國散文，而其選擇角度延續了五四時期的思路。如 1936 年再版的達夫選編的《現代模範文選》，選錄外國散文 23 篇，主要是蘇俄和法國文章以及安徒生的童話，而沒有一篇英國散文。1933 年初版的《模範小品文讀本》，由林蔭南選編，對外國文章的選擇顯然參考了《現代模範文選》，也以蘇俄和法國作品為主，文體方面則更加寬泛，所選 30 篇外國詩文中，唯一入選的英國作品是《金銀島》作者斯蒂文森的小詩《別田園》〔註27〕。

　　此時大力提倡並力行創作 Essay 的是梁遇春，自 1929 年開始編譯出版《英國小品文選》、《小品文選》和《小品文續選》，從篇目編選到序文與譯注的寫作，都貫注了將英國散文引入中國現代散文的苦心。不過，這三種選集的印行，更多體現的是梁遇春本人對 Essay 的認知與偏好，作家的不幸早夭也限制了其散文創作的影響。1930 年代一些普及性的散文選本就不收梁遇春的文章，如曹聚仁以陳思之名編選的《小品文甲選》，定位為「中學生讀本」，1930 年初版，1935 年印行第四版，是當時較流行的一種選本，就沒有選入梁遇春的作品。1932 年出版的李素伯《小品文研究》，是最早研究小品文的專著，書中用相當篇幅評介現代小品文作家，對梁遇春卻未置一詞。

〔註25〕　五四時期的翻譯文學中，散文數量最少。其中除了少量美國作家的散文之外，屠格涅夫的散文詩佔據了主要份額，僅沈穎一人就在 1920 年 6 月到 10 月的《晨報副刊》上發表了 50 篇譯作。參見平保興著：《五四翻譯文學史》，中國文史出版社，2005 年。

〔註26〕　周作人：《〈燕知草〉跋》，《周作人散文全集》第 5 冊，廣西師範大學出版社，2009 年，第 517 頁。

〔註27〕　參見卜立德：《英國隨筆與中國現代散文》，《中國現代文學研究叢刊》，1989 年第 3 期。

　　除了梁遇春，郁達夫也注意到英國散文，在《中國新文學大系‧散文二集》的《導言》中曾說：「英國散文的影響於中國，係有兩件歷史上的事情，做它的根據的；第一，中國所最發達也最有成績的筆記之類，在性質和趣味上，與英國的 Essay 很有氣脈相通的地方，不過少一點在英國散文裏是極普通的幽默味而已；第二，中國人的吸收西洋文化，……大抵是借用英文的力量的，……故而英國散文的影響，在我們的智識階級中間，是再過十年二十年也決不會消滅的一種根深底固的潛勢力。像已故的散文作家梁遇春先生等，且已有人稱之爲中國的愛利亞了」〔註28〕但他又認爲 Essay 與中國現代小品文並不全然相似：「英國的 Essay 氣味原也和這些近似得很，但究因東西洋民族的氣質人種不同，雖然是一樣的小品文字，內容可終不免有點歧異。我總覺得西洋的 Essay 裏，往往還脫不了講理的傾向，不失之太膩，失之太幽默，沒有東方人的小品那麼的清麗。」〔註29〕

　　英國學者卜立德曾寫《英國隨筆與中國現代散文》，質疑中國現代散文受英國隨筆影響這一說法。在他看來，英國隨筆歸根結底是一種議論文章，特點有三：「作者表現得可愛、招人喜歡，不是狂，也不是憂，也不是顧影自憐。」「趨向是入世的，不談幻想、海市蜃樓，不作白日夢。」「要求把問題看得准，公允，洞徹。同時要人看得開，不要大驚小怪，不自以爲是，不死摳一個論點，要做到通情達理，但要說得風趣一點，謙虛一點。」結構則是「柔若無骨」、行動從容。語調是「跟同等的相識者談話，或寫信」，態度隨和，措辭大部分比較平凡。而中國古代散文講求布局系統，脈絡突出，表現自我，求眞求奇。英國隨筆與中國現代散文實際是大相徑庭的〔註30〕。

　　事實上，英國 Essay 與中國現代小品文之間之所以能建立起聯繫，首先源於一種翻譯行爲。對 Essay 與小品文都有透徹瞭解的郁達夫曾說：「近來有許多人說，中國現代的散文，就是指法國蒙泰紐 Montaigne 的 Essais，英國培根 Bacon 的 Essays 之類的文體在說，是新文學發達之後才興起來的一種文體，於是乎一譯再譯，反轉來又把像英國 Essays 之類的文字，稱作了小品。」

〔註28〕郁達夫：《導言》，《中國新文學大系‧散文二集》（影印本），上海文藝出版社，1981年，第11頁。

〔註29〕郁達夫：《清新的小品文字》，郁達夫：《閒書》，上海良友復興圖書印刷公司，1941年，第141頁。

〔註30〕參見卜立德：《英國隨筆與中國現代散文》，《中國現代文學研究叢刊》，1989年第3期。這篇論文本身就是英國隨筆的一篇瀟灑生動的範文。

〔註31〕就描述了 Essay 與小品文在跨文化的翻譯過程中互相指涉的狀況，中國現代作家在對 Essay 之名的翻譯過程中，尋找到了「小品文」。直到 1937 年，方重的論文《英國小品文的演進與藝術》認爲：「小品文」這一名詞在中國文藝界已成爲一種濫用的時髦，擔心這一通用的命名會因「小」而遭人輕視，認爲以「純散文」命名更合適。嘗試通過梳理 Essay——「英國小品文」來釐清中國「小品文」之實質。也體現了在「詞意」層面借 Essay 來翻譯小品文的意圖〔註32〕。

　　方重還借 J. B. Priestley 之口說明「小品文（essay）就是小品文家（essaylist）的作品。」〔註33〕不止 Priestley，不少作家論及小品文時，都強調文章背後的作家個體之人格特質，如《與初學者談小品文》，就說讀小品文如與朋友談天，所談內容並不重要，關心點在於談話之人。在規定小品文的種種衡量標準時，也常強調作者所需要的素養。如要求作家要有敏銳的感受力與洞察力，有深思與反省的能力。要求作家不僅提供觀點，更要提供獨具個性的觀點。中國現代作家中專門的散文家並不多，自我表現倒正切合新文學的要求。但英國小品文並非直抒胸臆的情感宣洩，而是借由談論某一話題，體現作者的見識與性格，以及駕馭文字的能力與風格。同時，作者與自己的議論也始終保持距離，承認自己的局限。郁達夫就認爲英國散文「往往還脫不了講理的Philosophizing 的傾向。」〔註34〕這種抒情的議論文，在中國現代散文中其實是不多見的，用周作人的說法，也可以說是寄「言志」於「載道」的文章。而源於「純文學」追求的小品文在思想性或曰思辨性方面並不見長。梁遇春在《〈小品文續選〉序》中將小品文分爲兩種：偏於情調與偏於思想，而「國人因爲厭惡策論文章，做小品文時常是偏於情調，以爲談思想總免不了儼然。」但思想與情調不可能截然分開，描狀情調需要沉思默想，才能蘊藉，以免流於膚淺；冥思也需要情緒的渲染，沾染了作者性格的色彩，才能供人品讀。梁遇春之所以提倡Essay，也是爲了創制一種調和思想與情感之理想「小品文」。

〔註31〕郁達夫：《導言》，《中國新文學大系・散文二集》（影印本），上海文藝出版社，1981 年，第 3 頁。
〔註32〕方重：《英國小品文的演進與藝術》，《國立武漢大學文哲季刊》，第 6 卷第 4 期，1937 年。
〔註33〕方重：《英國小品文的演進與藝術》，《國立武漢大學文哲季刊》，第 6 卷第 4 期，1937 年。
〔註34〕郁達夫：《清新的小品文字》，郁達夫：《閒書》，上海良友復興圖書印刷公司，1941 年，第 141 頁。

　　梁遇春本人的散文深得英國隨筆之精髓〔註35〕，有「中國的愛利亞」之
稱〔註36〕，葉公超也說梁遇春「確是受了蘭姆與哈茲里特的影響，尤其是蘭
姆那種悲劇的幽默。」〔註37〕不過，卜立德認爲梁的風格更近於赫茲利特，
因爲他健談且愛說聰明的反話。高恒文也認爲相較於蘭，姆赫茲利特對梁遇
春的影響更大。確實，蘭姆的文章看似輕鬆幽默，實則藉此消釋人生沉痛的
眞實經驗，需要相當的閱歷與沉澱，而梁遇春擅長以個人才情揮灑源自書本
的間接經驗。廢名稱梁遇春「玲瓏多態，繁華足媚，其蕪雜亦相當」〔註38〕，
如一樹好花開的青年俊才，實在難得蘭姆舉重若輕的神髓。而在北平淪陷區
的青年作家們看來，「蘭姆難念，赫茲利特冗長，不如讀吉辛草堂隨筆，露加
斯的陽光與爐火」〔註39〕，吉辛與露加斯是他們對英國散文的接受與效法，
也偏向於師法蘭姆而更加輕巧的露加斯。

　　除了林棲翻譯吉辛的《四季隨筆》，見諸報刊的英國散文翻譯大致有：

　　　　冰心譯《小品兩章》，包括吉辛《我的舊筆桿》、L. H. Bailey《花
園的精靈》，《晨報・文藝周刊》1939 年 1 月 28 日

　　　　禾草譯吉辛《聽琴（外一篇）》，《學文》第 2 期，1940 年 2 月

　　　　吳興華譯露加斯《危機》，《輔仁文苑》第 3 輯，1940 年 3 月

　　　　禾草譯吉辛《陽光》，《學文》第 3～5 期合刊，1940 年 4 月

　　　　南星譯吉辛《懷念》，《實報・文學》，1940 年 11 月 16 日

　　　　南星譯吉辛《佳日》，《實報・文學》，1940 年 11 月 20 日

　　　　豐草譯吉辛《病起試筆》，《實報・文學》，1940 年 12 月 11 日

　　　　何漫譯林德《殘酷的年紀》，《輔仁文苑》第 7 輯，1941 年 4 月

　　　　南星譯蘭姆《讀書枝談》，《輔仁文苑》第 8 輯，1941 年 9 月〔註40〕

　　　　山客、吳興華譯露加斯《露加斯散文選》，《中國文藝》第 2 卷

〔註35〕參見陳潔：《梁遇春與「新文學中的六朝文」》，夏曉虹、王風等著：《文學語
　　　　言與文章體式——從晚清到「五四」》，安徽教育出版社，2006 年。
〔註36〕郁達夫：《導言》，《中國新文學大系・散文二集》（影印本），上海文藝出版社
　　　　1981 年，第 11 頁。
〔註37〕葉公超：《淚與笑跋》，《淚與笑》，開明書店，1934 年，第 145 頁。
〔註38〕廢名：《淚與笑序一》，《淚與笑》，開明書店，1934 年，第 3 頁。
〔註39〕鍾杏雲：《怎樣寫散文》，《晨報副刊》1938 年 12 月 23 日。
〔註40〕梁遇春的《英國小品文選》也選譯過此文。

第 1 期，1940 年 3 月

　　林棲譯露加斯《修女及其他》(《修女露西文金》、《葬禮》、《市鎮的朋友》)，《中國文藝》第 6 卷第 2 期，1942 年 4 月

　　林棲譯《現代散文二章》(露加斯《失去的手杖》、密爾諾《在書攤上》)，《中國文藝》第 8 卷第 2 期，1943 年 4 月

　　林棲譯渥德霍斯《與初學者談小品文》，《文學集刊》第 1 輯，1943 年 9 月

　　南星譯《三家散文抄》(密爾諾《爲藝術家辯》、《送禮的藝術》，柴斯特登《賦得生疏的城》、《忿怒之街》，白洛克《談「無」》、《談「終」》)，《文學集刊》第 2 輯，1944 年 1 月

　　吳文金譯，A .A. Miln《爲文人申辯》，《藝文雜誌》第 2 卷第 2 期，1944 年
2 月

　　林棲譯《吉辛隨筆》，《中國公論》第 10 卷第 4 期，1944 年 1 月

　　林棲譯《吉辛隨筆》，《中國公論》第 10 卷第 5 期，1944 年 2 月

　　林棲譯《吉辛隨筆》，《中國公論》第 10 卷第 6 期，1944 年 3 月

　　林棲譯波里查德《談散文要素》，《新民聲》(三日刊) 第 12 號，1944 年 9 月 3 日

　　林棲譯切斯特頓《談散文》，《讀書青年》2 卷 4 期，1945 年 2 月

林棲是這一時期最積極的英國散文譯介者〔註 41〕，他曾編輯過《中國文藝》第 2 卷第 2 期的「散文特輯」，集中刊發蘭姆、密爾諾等人的散文書信。林棲本人的散文創作既有其獨特的美學風格，也很好地體現了中國現代散文與英

〔註41〕　林棲在淪陷時期翻譯的英國文學作品不止於散文，還有艾米麗‧勃朗特的小說《呼嘯山莊》、高爾斯華綏的小說《蘋果樹》、A. A.米爾恩根據《楊柳風》改編的童話劇《蟾堂的蟾蜍》。

國 Essay 的聯繫與差別。

第三節　庭院中的幻想者

　　高恒文在《京派文人：「學院派」的風采》中，為 1933 到 1935 年畢業於
北大、清華的年輕作家專闢一章，論述李廣田、卞之琳、何其芳、林庚、常
風等年輕作家在「京派」前輩的影響與扶掖下，如何由校園進入更廣大的文
學場域，並成為「京派」群體中新一代的中堅力量。實際上，在整個 1930 年
代，北平的校園內外彙聚著各類文學青年，受「京派」影響的年輕人也不止
上述幾位，林棲就是其中之一。林棲原名杜文成，畢業於北京大學西文系。
從 1934 年開始，他以南星為筆名，開始在《水星》、《文學季刊》、《現代》、《華
北日報‧每日文藝》等新文學報刊上發表詩與散文﹝註42﹞。卞之琳曾回憶，《水
星》撰稿者中，除了巴金、靳以、沈從文、李健吾、鄭振鐸和卞之琳，撰文
最多的是從第一卷起發表詩文四篇以上者，其中就有林棲﹝註43﹞。1936 年，
南星參加了朱光潛組織的「新詩座談會」。同年 4 月，林棲以杜紋呈之名辦文
學刊物《綠洲》，刊名由朱光潛題字，創刊號中還有朱光潛的論文《論靈感》。
編者坦言刊物性質：「我們想把這小刊物做成一個綜合的文藝雜誌，譯作兼
載，對於現代性與前代性的東西不願摒棄任一種而願加以選擇，對於文藝各
部門也不打算有所偏重」，「內容不限，但不擬刊載幽默或感傷文字」﹝註44﹞。
刊物有「論著」、「詩」、「小說」、「散文」、「戲劇」，以及特別組織的「書劄」
「日記」專欄，各部分都兼有翻譯與創作。除了林棲之外，主要撰稿者還有
李健吾、陳敬容、金克木、卞之琳、辛笛、曹葆華、馮至等，以當時北平學
院派中的年輕人為主。從辦刊理想到作家陣容，都具有明顯的「京派」色彩。

　　北平淪陷初期，林棲與其他作家一樣陷入沉寂，直到《晨報副刊》、《朔
風》等報刊出現，才重新開始發表作品。淪陷初期，北平沒有專門的新詩刊
物，新詩常常只被當作報紙副刊的「補白」，林棲也只在《晨報副刊》等報紙
副刊上發表過一些詩作，他的大部分精力也轉向散文創作與翻譯英國文學。

﹝註42﹞ 抗戰之前，杜文成主要使用「南星」這一筆名，北平淪陷時期開始用筆名「林
　　　　棲」，主要用於發表散文與譯作，此外還有「禾草」、「石雨」等筆名。因本文
　　　　主要討論其散文與譯作，為求行文統一，涉及戰前時期，也以「林棲」稱呼。
﹝註43﹞ 參見卞之琳：《星水微茫憶〈水星〉》，《讀書》1983 年第 10 期。
﹝註44﹞ 《綠洲編輯室》，《綠洲》第 1 卷第 1 期，1936 年 4 月。

1939 年，林棲發表了散文《冬之章》、《夜之章》、《憶克木》、《松堂》、《某夜》，以及喬治・吉辛《四季隨筆》的譯文《聽琴》、《陽光》等。這一年，他也開始使用新筆名「林棲」，主要用於發表散文和譯作。1940 年，由沈啓無推薦，林棲與朱英誕一起進入僞北京大學文學院任助教〔註 45〕。同年，林語堂出資在上海創辦《西洋文學》，編輯張芝聯與宋淇是同學好友，通過這層關係，林棲在《西洋文學》繼續發表吉辛《四季隨筆》的譯文。1941 年，林棲又開始發表詩歌，隨著南北淪陷區的聯繫日頻，林棲與上海詩人路易士等人交好，在《中華日報》副刊和《風雨談》等刊物上發表過不少詩作與散文。有別於同時期其他活躍的年輕作家，林棲潛心寫作，很少參與文壇活動。林棲曾與上海詩人路易士、楊樺合辦《文藝世紀》，但這種合作不是籌組「中國作家協會」式的利益共謀，而是出於相近的文學理念。

　　「庭院」是林棲的詩作中常見的意象，有研究者將他的詩歌構建的文本世界稱爲「庭院內的世界」：「這庭院內乘放的是詩人熟悉喜愛的意象和生活，這樣的庭院令詩人感到安全、自足。這個庭院在詩的內部設定了一個邊界，在其中給詩人創造了一種庇護。在這樣一個邊界之內，意象與意象，人與物，是和諧一體的，就像是一幅完整的畫，隔開了外界陌生的一切。」〔註 46〕同樣地，林棲的散文中也常有這類庭院，主人公常困守孤獨、封閉的空間，與他人的交流常發生於過去，或者是徒勞無效的，林棲散文中的「我」是一個「庭院中的幻想者」。林棲戰前的散文作品也大多收入了淪陷時期出版的《蠹魚集》和《松堂集》。在這批早期的散文中，「庭院中的幻想者」已經初具面貌。這個庭院屬於花草蟲鳥，自有生命，自成體系，「我」並不刻意經營，不鋤草也不澆灌，只欣賞花開花落，聽蟲鳴鳥聲〔註 47〕。《古老的故事》以夢開始，在這個恍如現實的夢中，「我」回到舊日的故鄉，見到了祖母與「玲姐」。夢醒後，「在床中翻轉著，聽不見水滴之聲，而且看見窗上的一角陽光」，於是又閉上眼睛，「隨著心思的引導走到郊野裏去」，主動離開現實進入想像，去幻境中尋訪夢中的「玲姐」，然而夢境又逼眞地呈現出一個已爲人妻人母的「玲姐」，「我」再次醒來，披衣出門，庭院中「諳熟的花畦，諳熟的老樹，

〔註 45〕參見朱英誕著，陳均校訂：《梅花依舊——一個「大時代的小人物」的自傳》，《新文學史料》2007 年第 4 期。

〔註 46〕馬前：《一個淪陷區詩人的生命之維——論南星 20 世紀 40 年代的詩歌創作》，《西華師範大學學報（哲學社會科學版）》2008 年第 1 期，第 44 頁。

〔註 47〕南星：《庭院》，《水星》，第 1 卷第 3 期，1934 年。

諳熟的屋廊，都在陽光下對我露出愉快的神色」〔註 48〕。在這篇千餘字的短文中，夢幻與現實多次轉折。《訴說》中，困居屋中的「我」羨慕著隔壁鄰居的主客交談，因訴說者有人耐心傾聽。儘管「我」也曾去過屋外，「在我的相識者面前喃喃訴說起來」，卻只能收穫敷衍與沉默。「我」不能像乞丐那樣在路上向過客訴說往事，但「我」又懼怕沒有客人的沉默的屋子。於是「我」只能祈求一個風雨天氣，與「我」庭院中的老樹、麻雀互相訴說煩憂與歡樂〔註49〕。房屋提供的是安全溫暖的庇護，在起風的夜晚，「我」仔細修補破損的紙窗，以期安然度過「風夜」〔註50〕；當冬天臨近，「我」坐在窗前觀察天空的顏色，想起某個「異樣的日子」在風雪中的窘態，對比使我感到「安心」〔註51〕。即使離開寄居的庭院進入外面的世界，也常在夜間或風雨中。

林棲筆下這位幻想者，很容易使人想起蘭姆，善於用文字營造的幻象稀釋生活中的缺憾與悲苦，比如著名的《夢幻中的孩子們（一段奇想）》；或者喬治・吉辛虛構的那位亨利・萊伊克羅夫特，獨居於鄉間斗室，在四季變換中馳騁神思。但林棲的筆墨對「庭院」也常帶感情：

> 溫柔的小庭院，
>
> 深深的在彩色窗格的房屋後面，
>
> 在刺柏和丁香後面。
>
> 寒暑表隨天色而伸展了，
>
> 爐火低聲頌歌。
>
> 燈罩下有美好的燭光，
>
> 臘梅在花瓶裏，
>
> 蘋果在床邊。
>
> 深深的小庭院
>
> 幸福地守護著我們的夜之隱秘。
>
> 在我們的溫和安寧中
>
> 細雨絲絲地來了，
>
> 樹枝上開滿叢花，

〔註48〕南星：《古老的故事》，《水星》，第 2 卷第 1 期，1935 年。

〔註49〕南星：《訴說》，《水星》，第 2 卷第 3 期，1935 年 6 月。

〔註50〕南星：《風夜》，《現代》，第 5 卷第 4 期，1934 年 8 月。

〔註51〕南星：《冬天》，《現代》，第 5 卷第 4 期，1934 年 8 月。

> 水滴發散香氣，
>
> 輕細的鳥聲做了雨的伴奏。
>
> 我們有小林園，

1935 年大學畢業後，林樓在北平城鄉幾所中學教書，「可是因爲像是漫不經心，又同校當局少來往，總是任職不長。生活近乎旅行，兼以不會理家，經常很窮。」〔註 52〕窮的一大表現就是常常搬家，林樓有許多散文寫自己的居所，對這些長短不定的居處，都寄予深厚感情。

「人總有一天要遷居的，無論在一個地方住得多麼長久。」「而我自己……常常幻想著遷居。」作者貌似灑脫地表示：「人在遷居之後耽於回想故宅中的景象和摻在裏面的悲哀和歡樂是一件傻事，因爲那是不可改變而且無法挽回的」，「我在這將來的『故居』裏描畫著我的新宅，倒是一件無所顧忌的自娛」。幻想與現實疊加後，當下的居所即是未來的「故居」。因過去、現在與將來三種時態的交匯，房屋這一極其有限的空間，卻在時間的維度得以擴展，亦使有限的文字饒有餘味。但作者很快調轉筆鋒，寫起了眞正的「故居」。歸根結底，他仍舊羨慕「有些人有他們自己的房屋，庭院」〔註 53〕。

淪陷後寫作的散文《荒城雜記·寒夜》，以四句小詩開篇：「終日終夜的雨令人忘記夏天／黃昏也來得早了／這主人只能守望／在窗前，默默地。」詩句?勒的場景中，因雨水而與外界阻隔的「主人」只能被動而靜止地在窗前默默守望。同樣地，散文中的「我」，也在室內靜聽雨聲，一邊擔憂院中的扁豆，一邊懸想往事。回憶引發了幻想，過去一同冒雨買杏的友人翩然來訪，與「我」談種豆種花，這幻覺使「我」愈發不能忍受現實的「幽暗」，終於出門拜訪一位友人，因爲「我」曾於另一個雨夜在他家中獲得過溫暖，然而當「我」敲開他家的門，面對的卻是疾病、陰濕與寒冷，於是「我」只得告辭回家，歸途中面對的仍是一個無從突破的雨的世界，「天和地結合成一致的顏色。……四圍的泥水像在不停地躍動，占滿了全巷，……我拖曳地走過一家家的門外，門閉著，都沒有縫隙。」〔註 54〕文章末尾，「我」在起風的街上走著，又開始牽掛自家院中扁豆的長勢。一切又回到原點。不管是生動的幻想

〔註 52〕 張中行：《詩人南星》，《張中行自述文錄下卷留夢集》，作家出版社，1997 年，第 310 頁。

〔註 53〕 南星：《故居》，《天地》第 13 期，1944 年 10 月。

〔註 54〕 南星：《荒城雜記·寒夜》，《風雨談》第 1 期，1943 年 4 月。

抑或溫暖的過去，都無補於現實中的孤寂寒冷。首尾銜接的文本，也彷彿封閉的庭院，「庭院」也為散文作者容易無節制漫衍的情感提供邊界。青年作家的散文往往容易濫情失控，林棲散文的長處正在於節制與有限性。這種特點固然源自詩人錘鍊字句的功力，也多少得益於講究分寸與理性的英國隨筆。

第四章　周作人：文章與思想

第一節　「一說便俗」

　　青年作家林榕曾帶著幾分年輕人的自得說：「只有對於一切都已經說完了，再也沒有什麼可說的人，沉默才是可怕的，痛苦的；對於還沒有開始自己的說話的人呢——對於他們，沉默是簡單的，輕鬆的。」〔註1〕對於有著強烈寫作欲望的青年作家而言而言，打破沉默也是「簡單的，輕鬆的」。而在早就開始說話的人看來，沉默並不一定代表「一切都已經說完」，言說也並不一定就會打破沉默。北平淪陷後，周作人抱持「苦住」心態留守危城，在 1939 年元旦遇刺前，儘管已接受偽學制研究會職務，參加了日本方面主辦的更生中國建設座談會，但周作人還是盡量抵禦各方面的勸誘，拒絕有政治色彩的職務，至少在表面維持讀書寫作的「苦住」狀態。

　　1936、1937 年間，周作人在北方主要供稿《益世報》、《北平晨報》、《大公報》、《世界日報》等報紙的文藝副刊，南方則是《論語》、《人間世》、《宇宙風》等以散文為號召的文學刊物。「七七事變」後，北平的大小報社或停止經營，或被日軍與偽臨時政府接收改組，成為「偽報」，南方則通訊不便，周作人首先面臨無處發表作品的窘境，以及可能隨之產生的生計問題，「八九月中曾寫幾篇小文，唯現在草稿不能郵寄，因似屬禁品也，如發表恐須在天下太平時矣。近來擬繼續翻譯希臘神話，卻尚不知能否換得若干錢來耳。南方無處可歸，北大至今不聞有正式辦法」〔註2〕。

〔註1〕慕容慧文：《寄居草・井》，《中國文藝》第 2 卷第 3 期，1940 年 5 月。
〔註2〕周作人 1937 年 10 月 9 日致陶亢德信，轉引自《與陶亢德書五通》，《周作人散文全集》第 7 冊，廣西師範大學出版社，2009 年，第 795 頁。

1937 年 12 月《晨報》復刊，隨即恢復《晨報副刊》，1938 年，北平文壇稍稍復蘇，1938 年 11 月《晨報》又增加了方紀生主編的《文藝周刊》，此後《朔風》與《學文》創刊，二者都以散文爲主。周作人除了給上海「孤島」的《宇宙風》供稿外，也開始在這些報刊上發表散文，如《談勸酒》〔註 3〕、《談關公》〔註 4〕。這些刊物也倚重相當周作人的文學聲望，如《學文》不僅在第一期刊登周作人《藥草堂隨筆》之《思元齋續集》、《曲成圖譜》、《德輿子》，還將文末的「附記」手稿製版影印於雜誌封面，可見以周作人爲號召之用心。讀者也對周作人的文章予以積極反應，如有人聲稱僅爲周作人一篇文章就值得讀《朔風》〔註 5〕。

在作於 1939 年 4 月 28 日的《最後的十七日》中，周作人自稱「破了二年來不說話的戒」，但眞正由「不說話」轉而大說「正經話」，應以 1940 年 1 月發表《禹跡寺》和《讀〈初潭集〉》爲開始。對周作人淪陷後的文事與心跡的考索，也往往以這幾篇文章爲起點〔註 6〕，而忽略大量筆記寫作的意義。

「七七事變」後，到 1939 年元旦遇刺前，除了筆記，周作人寫作發表的文章主要有以下幾篇：

> 《女人罵街》，作於 1937 年 7 月 10 日，載 1939 年 1 月 10 日《朔風》第 3 期
>
> 《日本的混堂》，作於 1937 年 7 月 12 日，載 1937 年 11 月 10 日《西風》週年紀念特大號
>
> 《談勸酒》，作於 1937 年 7 月 18 日，載 1938 年 8 月 4 日《晨報》、1938 年 11 月 10 日《朔風》第 1 期
>
> 《關於自己》，作於 1937 年 7 月 22 日，載 1937 年 12 月 21 日《宇宙風》第 55 期
>
> 《談關公》，作於 1937 年 8 月 5 日，載 1938 年 8 月 4 日《晨報》
>
> 《野草的俗名》，作於 1937 年 8 月 7 日，載 1939 年 7 月 16 日《宇宙風乙刊》第 10 期

〔註 3〕 發表於《晨報》1938 年 8 月 4 日，《朔風》第 1 期，1938 年 11 月。

〔註 4〕 發表於《晨報》1938 年 8 月 4 日。

〔註 5〕 駘子：《關於〈朔風〉（續）》，《晨報副刊》，1938 年 12 月 2 日。

〔註 6〕 如高恒文：《話裏話外：1939 年的周作人言論解讀》，《中國現代文學研究叢刊》2008 年第 2 期，就選取《最後的十七日》與《禹跡寺》作爲淪陷後周作人的言論代表。

　　《談搔癢》，作於 1937 年 8 月 31 日前，載 1938 年 12 月 10 日《朔風》第 2 期

　　《兒時雜事》，作於 1937 年 9 月 21 日，載 1938 年 11 月 12 日《晨報》

　　《關於范愛農》，作於 1938 年 2 月 13 日

　　《賣糖》，作於 1938 年 2 月 25 日，載 1938 年 9 月 1 日《宇宙風》第 74 期

　　《關於〈南浦秋波錄〉》，作於 1938 年 6 月 19 日，1938 年 7 月 20 日《晨報》發表

　　《〈燕都風土叢書〉序》（作於 1938 年 10 月 8 日）

　　另有《〈詩經〉中的雀與鼠》，1938 年 6 月 21 日刊於《晨報》，寫作時間不詳

可以看出，1937 年 9 月至次年 2 月間，約有四個月時間，周作人幾乎沒有寫作，目前發現的公開文字，僅 1937 年 11 月 8 日應章川島之請，為魯迅手寫《遊仙窟》作跋的短短幾百字。1937 年 12 月發表《關於自己》後，直到 1938 年 6 月，才開始在《晨報》發表文章。

　　1938 年 5 月 28 日，陳介白夜訪周作人，約請為《晨報副刊》寫稿〔註7〕。周作人於是年 6 月 24 日在《晨報副刊》發表《書〈東山談苑〉後》。此後陸續發表「藥草堂題跋」23 篇，8 月改名為「藥草堂筆記」，發表了 8 篇，這些文章均寫於 1938 年 2 月至 7 月，與其他未公開發表的同類型短文，一起收入《書房一角》「看書餘記」部分。

　　1938 年 6 月 24 日，周作人在《晨報副刊》發表《書〈東山談苑〉後》全文如下：

　　　　《東山談苑》卷七云：「倪元鎮為張士信所窘辱，絕口不言。或問之，元鎮曰，一說便俗。」此語殊佳。余澹心記古人嘉言懿行，裒然成書八卷，以余觀之，總無出此一條之右者矣。嘗怪《世說新語》後所記何以率多陳腐，或歪曲遠於情理，欲求桓大司馬樹猶如此之語，難得一見。雲林居士此言，可謂甚有意思，特別如余君所

〔註7〕參見張菊香、張鐵榮編著：《周作人年譜（1885～1967）》，天津人民出版社，1999 年，第 553 頁。

云，亂離之後，閉戶深思，當更有感興，如下一刀圭，豈止勝於吹
竹彈絲而已哉！

此後，周氏多次提及這一典故〔註8〕，一般認爲是周氏對自己落水事僞的一種
「不辯解的辯解」〔註9〕，是一種自我洗白。但聯繫具體語境，分析周氏對此
典故的幾次使用，可以看出，是一種「沉默的言說」是迴避描述自身處境與
當下局勢。

1938 年 2 月 9 日，周作人參加了日本大阪每日新聞社組織的「更生中國
文化建設座談會」，同年 4 月 28 日，上海的《文摘・戰時旬刊》第 10 期，全
文翻譯轉載了《大阪每日新聞》的相關報導，並配發照片。此文一出，淪陷
區外的文藝界對周作人開始了強烈抨擊：5 月 5 日，中華全國文藝界抗敵協會
通電全國文化界嚴厲聲討周作人等的附逆行爲，「請援鳴鼓而攻之義，聲明周
作人錢稻孫及其他參加所謂『更生中國文化建設座談會』諸漢奸，應即驅逐
出我文化界之外，藉示精神制裁。」〔註10〕5 月 6 日，武漢《新華日報》發表
短評《文化界驅逐周作人》。5 月 14 日，《抗戰文藝》3 日刊第 4 期發表《致
周作人的一封公開信》，向周氏作「最後一次忠告」〔註11〕。6 月 3 日，陝甘
寧邊區文化界救國協會向全國發出討周通電。聯繫當時北平相對封閉，郵政
通訊不暢的情況，周作人很可能沒有直接獲知這些猛烈的抨擊，而是較晚從
友人處瞭解。5 月 20 日，他接受了燕京大學的聘書，5 月 27 日給上海的周黎
庵寫信，表示不知大阪每日所載何事，並自述在北平的生活，「此一年來唯以
翻譯爲業，希臘神話已寫有二十萬字，大約至秋間可以畢事矣。以後再擬譯
別的希臘作品，……下學年功課，只有燕大友人爲接洽大約四小時，不能當
作生計。但有此則可以算不是失業而已。」〔註12〕2 月 20 日寫筆記，顯然不
是回應外部的批評，而是對自我的紓解與當下心境的寫照。木山英雄分析：

〔註 8〕 《最後的十七日》，《實報》1939 年 5 月 26 日，《辯解》，《中國文藝》2 卷 5
期，1940 年 7 月 1 日

〔註 9〕 如陳平原：《長向文人供炒栗──作爲文學、文化及政治的「飲食」》，《學術
研究》2008 年第 1 期。

〔註 10〕 轉引自張菊香、張鐵榮編著：《周作人年譜（1885～1967）》，天津人民出版社，
1999 年，第 550 頁。

〔註 11〕 轉引自張菊香、張鐵榮編著：《周作人年譜（1885～1967）》，天津人民出版社，
1999 年，第 552 頁。

〔註 12〕 《抗戰文藝》第 12 期，轉引自張菊香、張鐵榮編著：《周作人年譜（1885～
1967）》，天津人民出版社，1999 年，第 553 頁。

周作人對這樁倪瓚軼聞的關注點，在於「暴力性『污辱』」與「沉默」〔註13〕。《東山談苑》及其作者余懷，以及倪瓚其人其事，實際是內涵更豐富的潛文本。

《東山談苑》作者余懷，字無懷，號澹心，福建莆田人，生於明萬曆四十四年（1616），卒於清康熙三十五年（1696）。余氏僑居南京，崇禎年間曾為大司馬范景文幕僚，任「平安書記」，明清易代後，隱居蘇浙一帶。曾著《板橋雜記》三卷，記金陵秦淮曲園之盛況，兼及其中名姝麗人、幫閒狎客、官僚士人之活動軼事。《東山談苑》為其晚年之作，多記文人軼事，相較於《板橋雜記》的熱鬧綺麗，顯得平淡瑣碎，余氏同鄉郭蘭石有《東山談苑書後》，曰：「是書採元以前事皆習見者，無他異聞，唯明代瑣事往往有他不經見而僅見於此者，不可不鄭重存之也。」〔註14〕

1930 年代筆記小品盛行時，《板橋雜記》曾被多次重印〔註15〕，《東山談苑》則流傳較少。《大公報》1934 年 6 月 30 日《圖書副刊》的《出版界消息》，曾介紹南京國學圖書館主辦的襄社準備影印出版《東山談苑》，並稱本書「自清初至今，尚無刻本」〔註16〕。周作人隨即致信《圖書副刊》，稱《東山談苑》有 1877 年的鉛印本，他本人在 1898 年前後曾購得此書〔註17〕。周作人的藏書中也有《板橋雜記》，稱其好處是「文章多而文獻少」〔註18〕，但很少在自己的文章中引述，對《東山談苑》則青眼有加。1935 年 9 月寫作的《關於活埋》中，周氏初次提及《東山談苑》，寫於 1938 年 4 月 29 日的《題古逸書十種》中說：「嘗欲取《列女傳》、《孝子傳》以至《東山談苑》，以意點定之，亦可消遣，只可惜中選者恐不能多，未免掃興，以是遲遲耳。」〔註

〔註13〕〔日〕木山英雄著，趙京華譯：《北京苦住庵記：日中戰爭時代的周作人》，生活・讀書・新知三聯書店，2008 年，第 62 頁。

〔註14〕余懷撰，杜華平、戴訓超點校：《甲申集（外十一種）》，福建人民出版社，2010年，第 589 頁。

〔註15〕至少有大東書局 1933 年版，啓智書局 1934 年版，新文化書社 1934 年版，中央書店 1936 年版。

〔註16〕《出版界消息》，《大公報・圖書副刊》1934 年 6 月 30 日。

〔註17〕參見《來函照登》，《大公報・圖書副刊》1934 年 7 月 7 日。周作人所藏《東山談苑》現藏國家圖書館，有周氏題款。

〔註18〕周作人：《〈豔史叢編〉》，《周作人散文全集》第 10 冊，廣西師範大學出版社，2009 年，第 352 頁。

〔註19〕周作人：《題古逸書十種》，《周作人散文全集》第 8 冊，廣西師範大學出版社，2009 年，第 60 頁。

19〕對《東山談苑》與《板橋雜記》的取捨，也可體現周作人對綺麗與平淡兩種審美趣味的選擇。

周氏所引倪雲林軼事，出自《東山談苑》卷七，是卷所記多隱逸、風雅之事，周氏引文前還有這樣一段話：「張士誠弟張士信聞元鎮善畫，使人持絹侑以重幣求之，元鎮怒曰：『倪元鎮不爲王門畫師。』手裂其絹。觀此不但元鎮品高，即士信亦大度，今復有此乎？」不僅表彰倪元鎮高士風節，也肯定張士信的大度。明清筆記多著錄這段軼事，如《都公談纂》、《古今談概》、《問奇類林》、《語林》，而以《倪高士年譜》所記尤爲詳細：

> 士誠弟士信聞元鎮善畫，使人持絹侑以幣求其筆，元鎮怒曰倪元鎮不能爲王門畫師，即裂其絹而卻其幣。一日士信與諸文士遊太湖，聞漁舟中有異香，士信曰此必有異人。急傍舟近之，乃元鎮也。士信見之大怒，欲手刃之，諸文士力爲解，然猶鞭元鎮，元鎮竟不吐一語，以是得釋。後有人問之曰：君被士信窘辱，而一語不發，何也？元鎮曰：一說便俗。案楊廉夫寄雲林二絕句云：祇陀山下問幽居，新長青松八九株。見說近前丞相怒，歸來自寫草堂圖。迂父於今久絕交，文章出口未全膠。權門喜怒狙三四，何用楊雄賦解嘲。豈亦指此事以相慰藉耶。高士風節卓举如此，世徒以畫品高之，抑末矣。

倪元鎮即元末名畫家倪瓚，入明後隱居，身爲明遺民的余懷在《板橋雜記》自序中稱：「鬱志未伸，俄逢喪亂，靜思陳事，返念無因，聊記見聞，用編汗簡，效東京夢華之錄，標崖公蜆鬥之名，豈徒狹邪之是述，豔冶之是傳也。」蓋亦是仿傚《東京夢華錄》，記往日盛事，寄故國之思〔註 20〕。《東山談苑》卷首曰：

> 往余年少不羈，喜爲豪華之事，愛讀奇僻之書，究竟豪華、奇僻爲害頗深。亂離之後，閉戶深思，遇古人嘉言懿行，隨筆輒記，積有歲月，裒然成編。暇豫展觀，固勝於吹竹彈絲博弈飲酒也。……而此編則專言古人之長，理歸忠厚。世之覽者，可以知其志也焉。〔註 21〕

而比起遺民身份，倪瓚更著名的是其潔癖。傳說他以鵝毛鋪墊廁所，這個軼聞經由芥川龍之介與志賀直哉的兩重轉述，到了谷崎潤一郎筆下，鵝毛被演

〔註 20〕 參見來新夏：《清人筆記隨錄》，中華書局，2005 年，第 25～32 頁。
〔註 21〕 余懷撰，杜華平、戴訓超點校：《甲申集（外十一種）》，福建人民出版社，2010年，第 415 頁。

繹爲更加輕柔奢華的飛蛾翅膀，倪瓚也被異邦作家目爲「中國人中鮮有的潔癖家」〔註22〕。倪瓚與余懷的遺民身份，以及倪瓚著名的潔癖，都是周作人使用「一說便俗」時的潛文本。

　　周作人第一次提及倪元鎮的文章，是作於 1937 年 1 月的《樸麗子》。

　　　　「先生往省，過鄱陽湖遇暴風舟幾覆，眾倉皇號呼，先生言動如常。或問之曰，若不怕死耶？先生曰，怕亦何益，我討取暫時一點受用耳。」這一節事很使我喜歡，並不是單佩服言動如常，實在是他回答得好，若說什麼孔顏樂處，未免迂闊，但我想希臘快樂派哲人所希求的「無擾（Ataraxia）」或者和這心境有點相近，亦未可知罷。爲求快樂的節制與犧牲，我想這是最有趣味也是最文明的事。倪雲林因爲不肯畫花爲張元信所弔打，不發一語，或問之，答曰，一說便俗。雖然並不是同類的事情，卻也有相似的意趣。這些非出世的苦行平常我很欽佩。〔註23〕

周氏在此關注的「一說便俗」，乃受辱時不發一語，不求饒，亦不辯解，而非事後對受辱之事的申辯或解釋。與樸麗子遇覆舟之險而無懼色一樣，強調的是身處危機時的從容態度，也就是周所謂「非出世的苦行」。

　　1938 年 3 月，武者小路實篤在日本發表《牟禮隨筆》，文中表示「我想聽聽周作人對於誰也不曾表白過的眞心話。也想聽支那的人們對於日本第一希望什麼。……可以說眞心話的友人在日本人裏有一個豈不也好麼。……我們以周作人爲新村的兄弟，至少愈益感到友情，這總是事實。」周作人從方紀生處看到此文，遂作回信，並將武者小路的文章與回信一併翻譯，刊載於 1938 年 9 月的《宇宙風》。周作人在文後案語中表示，儘管覺得無話可寫，但禮儀上或者應該作答，然而讀了武者小路的文章，「回答益感困難，蓋其重要之點我均無詞以對也。什麼希望我並沒有，眞心話當然有而不想說，說了正是鄙陋耳。」隨後再次引述《東山談苑》中倪元鎮的故事，並解釋「所謂俗即鄙陋也，日本語云野暮。」〔註24〕

〔註22〕〔日〕谷崎潤一郎：《廁所種種》，〔日〕谷崎潤一郎著，陳德文譯：《陰翳禮贊》，上海譯文出版社，2010 年，第 119 頁。
〔註23〕周作人：《樸麗子》，《青年界》第 11 卷第 3 號，1937 年 3 月 1 日，轉引自《周作人散文全集》第 7 冊，廣西師範大學出版社，2009 年，561～562 頁。
〔註24〕武者小路實篤、周作人：《友情的通信》，《周作人散文全集》第 8 冊，廣西師範大學出版社，2009 年，第 35 頁。

武者小路實篤與周作人的友情基礎是早年的新村運動，現今作為發動戰爭一方的日本人，武者小路稱呼周為「新村的兄弟」，希望借由往日超越國族的世界主義理想，喚起淪陷區最重要的文化人之回應，然而武者小路卻是希望聽到「支那的人們對於日本第一希望什麼」，這本身便是矛盾。對周作人而言，在 1921 年作《〈人的生活〉譯本序》後，文章中已很少提到「新村」，晚年更將《訪日本新村記》稱作「極其幼稚的文章，處處現出宗教的興奮來」，並表示到 1924 年發表《教訓之無用》後，「才從這種迷妄裏醒過來」〔註25〕。相對於武者小路努力迴避「戰爭」一詞，借「友情」委婉示好，周作人的回信則簡短而直接，毫不避諱地表示：「現今中日兩民族正在戰鬥中。既然別無道路，至於取最後的手段，如再講什麼別的話，非但無用，亦實太鄙陋矣。」當年共同的理想已成空想，面對武者小路似乎誠摯的表白，周作人所感者只是對方的「寂寞」，因而打破「沉默」，但紛飛戰火中文人個人化的語言被敵對國族的身份所覆蓋，周作人在這裡是不想對日本人露「俗」。「遲延數日始擬信稿，及寫時仍刪削去其六七，生怕語太俗也。」〔註 26〕而他向武者小路解釋「俗」即「野暮」，日語「野暮」則是粗野之意。與倪瓚的潔癖一樣，周作人也有一種文字與話語的潔癖，1930 年代為迴避左翼革命話語，曾遁入清儒筆記尋找適用的語彙與文體。周作人再次引述「一說便俗」，既是藉此表示作為身受戰爭之苦的中國人之一份子，對眼下的苦境無話可說，也是既有的現代散文文體無法順暢表達個人言說的困境。

廢名可以隱居黃梅，寄身異族統治下的人們則無處可隱。周作人讀筆記寫筆記，既是非常態社會環境下的遣懷寄興，也寄寓著一定的文學實踐。「這兩年來不寫文章，本來自己並沒有話想說，也落得清靜，就只苦於朋友們來索稿時無以應酬。……舊稿長一點的，到得《談關公》寄出去時已經完了，現在只好抄些陳舊小文」。返回故紙堆中讀書遣懷是中國文人的傳統，僅就抗戰時期論之，鄭振鐸懷抱「保衛文化」的苦心，隱居上海訪求古書，是對破壞文化的戰火的一種抵抗〔註 27〕。顧隨蟄居北平以禪學為寄託〔註 28〕，亦在

〔註25〕 周作人：《〈小河〉與「新村」（下）》，《周作人散文全集》第 13 冊，廣西師範大學出版社，2009 年，第 571、572 頁。

〔註 26〕 《友情的通信》，《周作人散文全集》第 8 冊，廣西師範大學出版社，2009 年，第 35 頁。

〔註 27〕 參見鄭振鐸：《失書記》，《西諦書話》上冊，生活·讀書·新知三聯書店，1983 年，第 264～266 頁。

課堂上借詩詞比興，以寫作詩詞寄興遣懷。一些具有特定意味的典故，也被反覆敘述，如陸游《老學庵筆記》記載的李和兒炒栗的佚事，就在顧隨、周作人的舊體詩詞和散文寫作中多次出現〔註29〕。

　　而在淪陷初期周作人的散文寫作中，筆記不僅是予以擇取的材料，筆記的形式也被借用。1938 年 9 月 26 日致陶亢德信中表白願效蘇武不為李陵的態度，語簡單而意沉痛。同年 10 月 9 日信中則表示準備繼續翻譯希臘神話。八九月間政治形勢尚不確定，一派亂象中仍在「無聊中寫小文消遣」。周作人《一簣軒筆記序》中說：「丁丑秋冬間翻閱古人筆記消遣，一總看了清代的六十二部，共六百六十二卷，座旁置一簿子，記錄看過中意的篇名，計六百五十八則，分配起來一卷不及一條，有好些書其實是全部不中選的。」〔註30〕這類「小文」是閱讀清人筆記的札記，或記版本流傳，也可以說是一種讀書筆記。在淪陷時期的寫作生涯中，周作人寫作大量這種筆記，具體寫作情況如下：

　　1939 年 1 月 1 日開始，在天津《庸報》副刊發表「讀書偶記」21 則，4 月 18 日改題「看書偶記」，至 1940 年 4 月 20 日止，共 38 則。收入《書房一角》「看書偶記」、「桑下叢談」部分。

　　1940 年 1 月 1 日始，在天津《庸報》開始寫「藥草堂隨筆」，至同年 12 月 31 日止，共 46 篇，除了《丁巳舊詩》一文，悉數編入《藥堂語錄》。

　　1940 年 1 月 24 日開始，在《實報》繼續發表「看書偶記」系列筆記。

　　1940 年 11 月 25 日起開始在《晨報》寫「舊書回想記」，至 1941 年 2 月 24 日，共 12 則。收入《書房一角》時，加入 1943 年發表於《古今》的同類文章 15 篇。

　　此外，1941 至 1942 年，還有大量不曾發表的筆記，收入《書房一角》的「看書餘記」和「桑下叢談」部分。

　　1940 年 11 月起在《晨報》開始寫「舊書回想錄」，形式則近似 1920 年代同樣發表於《晨報》的「綠洲」系列，只是篇幅更短。從 1921 年《晨報》的「自己的園地」開始，周作人就經常寫作系列隨筆，如 1922 年《晨報》「綠

〔註28〕 參見《顧隨全集》4 書信日記卷，河北教育出版社，2001 年，第 642～643 頁。1943 年 11 月 6 日下午在輔仁大學國文系作演講《詩與禪》。

〔註29〕 參見陳平原：《長向文人供炒栗——作為文學、文化及政治的「飲食」》，《學術研究》2008 年第 1 期。

〔註30〕 《一簣軒筆記序》，《周作人散文全集》第 8 冊，廣西師範大學出版社，200年，第 757 頁。

洲」，1923 年《晨報》「土之盤筵」。1925 年編輯《語絲》後，更有「茶話」、「酒後主語」、「苦雨齋尺牘」、還有戲仿陳源的「閒話」系列（「我們的閒話」、「閒話集成」、「閒話拾遺」），「隨感錄」。「閉戶讀書」後，1930 年又在《駱駝草》發表「專齋隨筆」。從形式上看，正是與現代散文相結合的新式筆記。古人筆記尤其是清儒筆記，早已成爲周作人散文寫作的材料與資源，併發展出一套「文抄」式的新筆記〔註31〕。1938 年開始在報紙副刊發表大量篇幅短小的讀書筆記。周氏 1930 年代開始寫作「文抄」式散文，所抄多爲清人筆記，林語堂諷其「專抄古書，越抄越冷，不表意見」〔註32〕。有論者亦稱「周作人三十年代後著意實驗的夾雜著文言分子的新體筆記小品」〔註33〕而淪陷時期的筆記寫作，是既成風格的延續，亦是特殊環境下尋找到的新的言說方式。

而這些新型筆記，所表達的意見既延續了周作人一貫的見解，也因時勢變遷與作者之心境變化而發生微妙的改變。如讚賞李卓吾之「有常識」：「此數語極高超，亦極平常，只是有常識耳，而此在世間又甚少有，眞眞有百年旦暮之感，讀之不禁感激。卓吾老子有何奇，也只是這一點常識，又加以潔癖，乃更至於以此殺身矣。」〔註34〕李卓吾「此種特見實在只是有常識耳，正如花紅柳綠，個個都應看見，而偏多病眼者，反而把看見的人當作怪物，大是奇事也。」〔註35〕「平心想來，只是有常識，故說來合於情理，但試看古今來有若干人能說，即此可知是大不容易，值得我們佩服也。」〔註36〕「此書作者自稱恕道，覺得有幾分對，大抵他通達人情物理，所以處處顯得大方，就是其陳舊迂謬處也總不使人怎麼生厭，這是許多作者都不易及的地方。」「書中對女人的態度我覺得頗好，恐怕這或者是旗下的關係」〔註37〕。《蟋蟀之類》亦談學者無常識，所知有限〔註38〕。周作人向來提倡「常識」，且因堅持「常

〔註31〕 葛飛：《周作人與清儒筆記》，北京大學碩士學位論文，2003 年。
〔註32〕 林語堂：《記周氏弟兄》，孫郁、黃喬生主編：《周氏兄弟》，河南大學出版社，2004 年，第 100 頁。
〔註33〕 周荷初：《周作人與清代散文》，《魯迅研究月刊》2007 年第 6 期。
〔註34〕 藥堂：《捫燭脞存》（看書偶記二一），《實報》，1939 年 5 月 2 日。
〔註35〕 藥堂：《千百年眼》（看書偶記二二），《實報》1939 年 5 月 7 日，收入《書房一角》時列爲第 28 則。
〔註36〕 藥堂：《多歲堂古詩存》（看書偶記二四），《實報》1939 年 5 月 20 日，收入《書房一角》時列爲第 39 則。
〔註37〕 藥堂：《兒女英雄傳》（看書偶記二六），《實報》1939 年 5 月 30、6 月 7 日，收入《書房一角》時列爲第 33 則。
〔註38〕 藥堂：《蟋蟀之類》（看書偶記三五），《實報》1939 年 10 月 16 日，收入《書房一角》時列爲第 23 則。

識」而與文壇主流漸行漸遠，及至落水，或許也自許爲出於「常識」之考量，歎古人亦即自憐。

「孔子論人事只講仁恕，正是儒家本色，孟子說義，便已漸近法家了，老莊覺得仁恕也濟不得事，凡事想到底自都不免消極。總之古來聖人何嘗說及那些怪語，而後來士人津津樂道，此正是儒之道士化」〔註 39〕。這類談儒論道之語，亦預示著周作人由「苦住」到事僞之後，大談儒家的轉變。

第二節 「思想家」周作人

北平淪陷後，由「苦住」到落水，周作人多次以官方身份發表講演或公開講話，其中不乏附和僞政權與日本軍方的言辭〔註 40〕，成爲他一生難以抹淨的污點。值得注意的是，周作人出任僞職後，愈益注重談思想問題，也注重文章的「思想性」。

1940 年 12 月 19 日，汪僞國民政府中央政治委員會第三十一次會議，正式通過「特派周作人爲華北政務委員會委員，並指定爲常任委員，兼教育總署督辦」一案，並由汪僞國民政府發表任命。1941 年 1 月 1 日，周作人收到僞華北政務委員會送來的汪僞國民政府委任狀，被任命爲華北政務委員會委員兼教育總署督辦。1941 年 4 月，周作人率東亞文化協議會評議員代表團，赴日本參加東亞文化協議會文學部會議，4 月 16 日參拜湯島聖堂，歸國後作《湯島聖堂參拜之感想》：

> 亞洲古來曾出二聖人，是爲孔子與釋迦。……竊思孔子之教大抵只是一仁字，此與釋氏之慈悲近似，但後者推至究極，而前者則止於中庸，此固可云不徹底，唯其可貴處亦即在此。蓋孔子之道，常道也，看似平凡，卻至眞實，以理想論，其空靈微妙或不及出世法，若論實踐，則唯此可常亦可久耳。《孟子・離婁下》云：禹稷當平世，三過其門而不入，……儒家用世以禹稷爲理想，亦自堅苦卓絕，但以視菩薩投身飼餓虎之精神，則又可見其同而異矣。孔孟心在爲民，唯不曾全把自己沒殺，乃是推己及人，如《大學》所云，

〔註39〕 藥堂：《科目之蔽》，《庸報》1940 年 1 月 20 日。
〔註40〕 如 1942 年 12 月 8 日，周作人參加僞中華民國新民會青少年團中央統監部成立大會，任副統監，致開會辭《齊一意志，發揮力量》，載《中國公論》8 卷 4 期，1943 年 1 月。

老吾老以及人之老，幼吾幼以及人之幼，是也。焦理堂《易餘籥錄》
中有一則云：先君子嘗曰，人生不過飲食男女。〔註41〕
這段論述由立論到引用文獻，在周作人日後有關思想問題的言論中反覆出
現。如 1941 年 7 月 17 日中等學校教員暑假講習班講演《中國的國民思想》，
發表於 1941 年 11 月 30 日《晨報》的《東亞民族的前途》，1942 年 5 月中央
大學演講的《中國的思想問題》，1942 年 7 月 13 日第四屆中等學校教員暑期
講習班講話《樹立中心思想》，1942 年 9 月 1 日《教育時報》第 8 期，1942
年華北作家協會成立書面訓詞等。儘管早已宣佈關閉「文學店」，卸下「文學
家」招牌，乃至屢屢宣稱自己並非文士，不懂文學，但是直到落水後，周氏
才開始勉力為自己塗抹「思想家」的面具。

1943 年 2 月華北偽政權改組後，周作人失去偽華北政務委員會委員及教
育總署督辦的要職，但在 4 月，周氏就被南京的偽國民政府追認為偽華北政
務委員會委員，並受汪精衛邀請赴南京就偽國府委員職。除了接受偽職，周
氏此次南行的另一重要任務就是講學。南行期間，周作人共有五次演講：4 月
8 日下午偽中央大學演講《學問之用》，4 月 11 日下午江蘇教育學院演講《智
識的活用》，4 月 13 日上午偽中央大學演講《人的文學之根源》，4 月 14 日下
午南京模範女子中學演講《女子教育與一般中學教育》，南方大學演講《整個
的中國文學》。周作人此次南行，所到之處都受到隆重歡迎，寧滬等地的報紙
也給以持續報導，周氏的幾次演講，除了偽中央大學的兩次演講全文刊載於
《中大周刊》〔註42〕，其餘三次演講也都有報紙予以揭載。

在南方的五次演講中，偽中央大學的兩次演講可算提綱挈領：《學問之用》
談教育，似乎呼應曾經的教育督辦身份，所談則是 20 年代就開始提倡的常識及
其活用；《中國文學的根源》本是回歸文人角色後的本色當行，主題卻是事偽後
反覆論說的泛文化的文學論。其餘三次演講中，《智識的活用》、《女子教育與一
般中學教育》可與《學問之用》歸為一類。《智識的活用》較為簡略，演講思路
及大意乃至所舉事例都與《學問之用》相近。更值得注意的是《女子教育與一

〔註41〕周作人：《湯島聖堂參拜之感想》，《斯文》第 23 編 6 號，轉引自《周作人散
　　　　文全集》第 8 冊，廣西師範大學出版社，2009 年，第 568～569 頁。
〔註42〕1943 年 4 月 8 日偽中央大學演講《學問之用》，載《中大周刊》第 94、95 期
　　　　合刊，1943 年 4 月 17 日；4 月 13 日，偽中央大學演講，《人的文學之根源》，
　　　　《中大周刊》第 97 期，1943 年 5 月 3 日。刊載於同年 7 月《藝文雜誌》第 1
　　　　卷第 1 期，改題《中國文學上的兩種思想》。

般中學教育》。這篇演講前半部分針對女中學生談婦女教育，早在 1920 年代寫作的《婦女運動與常識》與《論做雞蛋糕》中，周氏對這個話題就有詳盡的闡發，強調「健康的人生的常識」，以及獲得常識後還需活用，更以啓蒙姿態爲女性及一般青年構建了一套常識的現代譜系。相較而言，1943 年的演講更趨於實際，在被理想化的常識之外，先提出女權需以經濟獨立爲後盾，之後又以「中庸」要求女性。對經濟這般務實的強調，在周氏眾多談婦女問題的文字中實屬罕見，或許暗中呼應了北平淪陷後「苦住」的心態。而「中庸」的婦女觀，則契合了淪陷時期周作人通過重新闡發儒家教義進而談論思想問題的特點。1940年，周氏曾爲北平的婦女雜誌《新光》連續撰稿 11 篇，其中《讀列女傳》、《觀世音與周姥》、《女學一席話》、《蔡文姬悲憤詩》、《女人軼事》與《流寇與女禍》都專談女性問題，貫穿其中的就是事僞後從儒家教義中重新發現的「忠恕」精神。演講後半部分落實到一般的中學教育，意見不離《學問之用》的範疇。值得注意的是，《學問之用》雖對大學生發言，實際所談重點卻是中學教育。對中學教育的反覆強調，應是緣於周作人眼中的常識不過是中學即可獲得的平凡知識，「所謂常識乃只是根據現代科學證明的普通知識，在初中的幾種學科裏原已略備，只須稍稍活用就是了。」〔註 43〕但在「落水」後的周作人那裡，強調常識也是自辯的一種隱晦策略，在 1940 年 1 月發表的《讀〈初潭集〉》中，周作人努力爲李贄尋找「儒家」之根據，將李贄的受迫害歸因於有常識者不容於世。同年發表的《漢文學的傳統》末尾引芥川龍之介語，「危險思想者，欲將常識施諸實行之思想是也」〔註 44〕，看似離題閒筆，未嘗不是一種自辯：周氏的「苦住」乃至「落水」，在常人眼中是異端，實際只是「將常識施諸實行」而已。

　　《整個的中國文學》與《人的文學之根源》一樣，屬於周作人事僞後著力書寫的「關於中國文學和思想的文章」〔註 45〕。從 1940 年 1 月發表的《禹跡寺》開始，周作人在《釋子與儒生》、《漢文學的傳統》、《道德漫談》、《湯島聖堂參拜之感想》等文章中，反覆談論他所理解的原始儒家。1941年以後，更以教育督辦身份發表講話《中國的國民思想》〔註 46〕、《樹立中

〔註 43〕 周作人：《常識》，周作人著，止菴校訂：《苦竹雜記》，河北教育出版社，2002
　　　　 年，第 200 頁。
〔註 44〕 知堂：《漢文學的傳統》，《中國文藝》第 2 卷第 3 期，1940 年 5 月 1 日。
〔註 45〕 周作人：《反動老作家一》，周作人著，止菴校訂：《知堂回想錄》，河北教育
　　　　 出版社，2002 年，第 652 頁。
〔註 46〕 1941 年 7 月 17 日中等學校教員暑假講習班講演，《教育時報》第 2 期，1941

心思想》〔註47〕、《中國的思想問題》〔註48〕，進一步將中國的國民思想簡單
歸納爲以「仁」爲核心的儒家思想。在這個過程中，中國文學常被簡化爲進
入「思想」話題的引子，或是驗證觀點的論據。《整個的中國文學》看似文學
論，實際仍是借文學談思想，乃至談文化，除了儒家思想的老生常談，更強
調思想、文化乃至民族的整體性。在 1943 年南行的其他公開場合，周作人也
多次談論「思想問題」，如在汪僞宣傳部與中日文化協會舉辦的座談會上說：
「我國思想，不論古今，不論南北，都是整個的，因時代的關係，形式雖有
不同，但內容方向仍是一致的。」「中國思想界的毛病，只在混亂，加以整理
即可，內容方面，是不必變更的。」〔註49〕4 月 13 日接受《中華日報》記者
採訪時，周作人也提及「要發揚東亞文化，必須要整頓以往的文化，並發揚
我東亞固有的文化精神。」〔註 50〕但反覆強調思想問題，除了配合淪陷區僞
政權的思想文化策略，也是周作人扮演「思想家」的一種手段。

　　儘管言談遠不及文筆灑脫〔註51〕，但在初登新文學舞臺時，周作人曾借
演講表達過不少重要意見〔註52〕，但從 1920 年代中期開始，周作人的講演數

　　　　　年 9 月 1 日。

〔註47〕1942 年 7 月 13 日第四屆中等學校教員暑期講習班講話，《教育時報》第 8 期，
　　　　　1942 年 9 月 1 日。

〔註48〕1942 年 5 月中央大學演講，《中大周刊》56 期，1942 年 5 月 25 日。

〔註49〕魏鑄白：《首都文化座談會追記》，《中華日報》1943 年 4 月 12 日，第 3 版。

〔註50〕《發揚東亞固有文化精神——周作人暢談一般文化問題》，《中華日報》1943
　　　　　年 4 月 14 日，第 3 版。

〔註51〕冰心回憶周作人 1923 年在燕京大學講課時「很木訥，不像他的文章那麼灑
　　　　　脫」。參見陳子善《編者前言》，陳子善編：《閒話周作人》，浙江文藝出版社
　　　　　1996 年出版，第 3 頁。梁實秋形容周作人 1923 年在清華的講演，也說「他坐
　　　　　在講壇之上，低頭伏案照著稿子宣讀，而聲音細小，坐第一排的人也聽不清
　　　　　楚。」結論是「語聲過低，鄉音太重，聽眾不易瞭解，講演不算成功」。參見
　　　　　梁實秋：《憶豈明老人》、《憶周作人先生》，《梁實秋文集》第 3 卷，鷺江出版
　　　　　社 2002 年出版，第 438、447 頁。

〔註52〕收入《周作人散文全集》的就有 1918 年 4 月 19 日在北京大學文科研究所小
　　　　　說研究會的演講《日本近三十年小說之發達》，1919 年 11 月 8 日在天津學術
　　　　　講演會演講《新村的精神》，1920 年 1 月 6 日在北平少年學會講演《新文學的
　　　　　要求》，1920 年 6 月 19 日應社會實進會邀請在青年會作講演《新村的理想與
　　　　　實際》，1920 年 10 月 26 日在孔德學校講演《兒童的文學》，1920 年 11 月在
　　　　　北平師範學校及協和醫學校講演《文學上的俄國與中國》，1920 年 11 月 30
　　　　　日燕京大學文學會講演《聖書與中國文學》，1920 年 12 月 19 日在少年中國學
　　　　　會講演《宗教問題》，1922 年 5 月 30 日在北平女高師講演《女子與文學》，1923
　　　　　年 3 月 3 日在清華學校講演《日本的小詩》等，涵蓋了周氏關注的日本文學、

量明顯減少，這或許與他承認失去了文學這片「自己的園地」不無關係。此前周氏演講的話題雖廣，但主題仍是文學，演講者的身份也是新文學運動的領軍人物，著名的文學家。而既然已經宣佈卸下文學家招牌，與文學相關的演講自然也就相應減少。不過，周作人並未完全放棄演講這一向公眾發表意見的言說策略。1932 年 2 月到 4 月，周作人在輔仁大學連做 8 次演講，並很快以《中國新文學的源流》為題結集出版。借由對新文學的溯本清源，周作人將新文學與傳統接續，為新文學在「中國的土裏」尋到「他的根」，含蓄地抵抗了革命文學這種由域外生硬植入的異物。又借「載道」、「言志」的二分法，將革命文學納入此消彼長的歷史循環中，巧妙地化「新」為「舊」。同時也為自己找到了「載道」與「言志」之外的言說方式，很快就以獨特的讀書筆記式的說理文，開始了現代散文寫作的新探索。

1944 年編《苦口甘口》集，周作人在自序中引顧炎武致黃宗羲書信中語，「炎武自中年以前，不過從諸文士之後，注蟲魚吟風月而已。積以歲月，窮探古今，然後知後海先河，為山覆簣，而於聖賢六經之旨，國家治亂之原，生民根本之計，漸有所窺。」周氏坦然自稱與其「在大處態度有相同者，亦可無庸掩藏」。並再次強調，「鄙人本非文士，與文壇中人全屬隔教，平常所欲窺知者，乃在於國家治亂之原，生民根本之計」，但不同處僅是「所取材亦並不廢蟲魚風月，則或由於時代之異也」。晚年在《知堂回想錄》中，舊話重提，更自稱淪陷前寫文章的態度「實在是消極的一種消遣法」，淪陷後的寫作趣味有所不同，態度「積極誠實一點了」，而之所以改變態度，積極去幹，「因為這是在於敵人中間，發表文章也是宣傳的一種，或者比在敵人外邊的會有效力也未可知。」〔註 53〕

而在 1943 年的江南，卸去教育督辦的頭銜後，面對相對單純的學生，周作人的演講似乎回歸了熟悉的文學與思想領域，但結合具體語境與言說者的心境，老話題也難免「變質」，如何延續自身個性化的言說，同時為自己作不辯解的辯解，恐怕是周作人附逆後諸種言論的「中心思想」，無論書面文字抑或演講，都留下了這種曲折掙扎的痕跡。

不過，此時的周作人已經不可能重返純粹的作家立場，儘管國府委員只是一個安撫性的空職，卻昭示著周氏難以擺脫政治勢力的牽制。由舉辦演講

新村運動、婦女與兒童等問題。
〔註 53〕周作人：《反動老作家一》，周作人著，止菴校訂：《知堂回想錄》（下），河北教育出版社，2002 年，第 650 頁。

的學校選擇就可看出，1943 年周作人在寧蘇兩地的講學之行，明顯摻雜著政
治考量。除了華中淪陷區最重要的高等學府偽中央大學，原南方大學於 1922
年由江亢虎在上海創辦，1924 年在北平設立分校。1925 年，由於寫給溥儀的
信被揭發，江氏聲譽大損，在南方大學師生的驅逐下被迫辭去校長職務。汪
偽政府成立後，江亢虎出任偽考試院院長。1941 年，偽南方大學在南京「復
校」，「爲首都唯一私立大學」〔註 54〕，仍由江出任校長。校董中除了江亢虎，
還有梅思平、丁默邨等汪偽政權要人。學校開設之初僅有文學院與國學專修
科，發展到 1943 年，已增設了附屬男女中學部與小學部，是南京淪陷時期除
了偽中央大學之外最重要的高等學府〔註 55〕。模範女中即國立模範女子中
學，創建於 1939 年 9 月，分初高中兩部，有詳盡的組織機構與校務規章，是
一所頗具規模的女子中學〔註 56〕。模範學校是南京淪陷時期一種特殊的奴化
教育機制，由偽教育行政機構重點籌資設立並嚴加控制，是兼具實驗性與示
範性的重點學校，比一般學校更受偽政府重視。江蘇教育學院即江蘇省立教
育學院，1941 年 11 月由原江蘇省文理專科學校擴充而成，除本科教育學系，
仍設文史地、數理化二專修科，前者「爲造就高等師範諸校之優良師資及教
育行政人員暨推行社教人員之幹部人才」，後者「則以造就初級中學之優秀師
資爲目的」〔註 57〕，是華中淪陷區最重要的高等師範學校。除了汪偽統治區
最重要的高等學府偽中央大學，這三所學校可謂高等教育、中學教育與師範
教育的代表性學校。安排周作人在這些學校連續講演，汪偽當局對其重視可
見一斑。

　　而在這次講學活動前後，以汪偽政府機關報《中華日報》爲首的寧滬輿
論界，也對周作人給以持續關注與揄揚。1943 年 2 月 26 日汪偽政府在南京召
開「教育行政會議」，沈啓無、瞿兌之南下赴會，《中華日報》由瞿兌之處獲
得周作人《中國的思想問題》文稿，特別予以全文刊登〔註 58〕，並刊發沈啓

〔註 54〕 《江校長序言》，（偽）南方大學學生級友會編印：《南方大學同學錄》第 1 頁，
　　　　　1942 年 1 月。偽中國公學 1942 年 8 月在南京「復校」後，偽南方大學也就不
　　　　　復「唯一私立大學」地位，但仍是南京較重要的高等學府。
〔註 55〕 參見經盛鴻：《南京淪陷八年史》下冊，社會科學文獻出版社，2005 年，第
　　　　　842 頁。
〔註 56〕 參見（偽）國立女子模範中學編印：《國立模範女子中學概況》，1941 年。
〔註 57〕 （偽）江蘇省政府教育廳編審室編印：《兩年來之江蘇教育》，1944 年，第 36
　　　　　頁。
〔註 58〕 參見周作人：《中國的思想問題》，《中華日報》1943 年 3 月 6 日，第 2 版。

無的《文化與思想》，對周作人文章的觀點進一步闡述發揮〔註 59〕。《中華日報》副刊在 3 月 10 日發表記者薛慧子的《周作人先生近作》，3 月 28、29 日發表柳雨生的《關於藥堂》。周作人抵達南京後，《中華日報》對其一言一行都加以關注。周作人赴蘇州遊玩，報社特派記者全程陪同，並分四次連載以《知堂老人在蘇州》為題的詳細報導。周作人北返後，《中華日報》還刊發周母去世的消息，並在 5 月 20 日的《中華副刊》發表周作人的《先母事略》。

南遊講學結束後，以《古今》、《風雨談》為主的滬上刊物則頻發文章。1943 年 4 月出版的《古今》20、21 期合刊，不僅登載周作人的《懷廢名》並以其手稿製版影印作為封面，還集中刊發了紀果庵的《知堂老人南來印象追記》、南冠的《讀藥堂語錄》、陶亢德的《知堂與鼎堂》等文。此後陸續還有郭夢鷗《知堂老人來蘇記》〔註 60〕，紀果庵《知堂老人南遊紀事詩》〔註 61〕，追述周作人的蘇州之行。鄭文的《知堂談阿 Q》〔註 62〕，文載道的《讀藥堂雜文》〔註 63〕，朱傑西的《苦雨齋中》〔註 64〕等文章塑造的周作人形象，不只是一個成熟的散文家，更是東方式的沉默深邃的思想家。

1930 年代左翼作家對周作人大肆抨擊時，就有蘇雪林從「思想」著眼，為周作人辯護，「如其說周作人先生是個文學家，不如說他是個思想家」〔註 65〕。周作人陷入事偽投敵的泥沼後，試圖借「思想」自辯；而政治勢力將周作人塑造成殖民統治的文化符號時，又為這一符號貼上「思想」的標籤。在殖民統治下，「思想」是任人擺佈的空洞能指，淪陷區的散文作家通過「思想」重建國民身份，不過是一種奢望。

〔註 59〕沈啓無：《文化與思想》，《中華日報》1943 年 3 月 7 日，第 1 版。
〔註 60〕發表於《風雨談》第 3 期，1943 年 6 月。
〔註 61〕發表於《古今》第 23 期，1943 年 5 月。
〔註 62〕發表於《天地》第 2 期，1943 年 11 月。
〔註 63〕發表於《古今》第 50 期，1944 年 7 月。
〔註 64〕發表於《天地》第 11 期，1944 年 8 月，朱傑西即朱英誕。
〔註 65〕蘇雪林：《周作人先生研究》，《青年界》第 6 卷第 5 期，1934 年 12 月。

結　語

　　以「文化」著稱的北平，在異族控制下淪爲「思想戰」的前沿陣地，「文化」也異化成一種政治領導權。但困守危城的文人學者，依舊對北平固守著「文化城」的想像，希冀以「文化」與「思想」維繫其國民身份。北平散文作家對「京派」美學風格的延續，固然有人事與地域的淵源，但與「京派」對文學作品的文化與思想內涵之重視，也不無關係。

　　張旭東曾論述周作人 1930 年代的小品文寫作，是借助散文建構私人日常空間的嘗試，現代散文有可能作家提供一種象徵性美學空間，使其在日益政治化的文學環境中保留個體意識與風格〔註1〕。儘管周作人的實踐在道德與政治層面最終失敗，但對於淪陷區的不少作家而言，以美學方式維護其主體性，卻是一種自我救贖的不二法門。北平淪陷時期最優秀的小說家袁犀曾自述：「我自己算是在當時寫作最勤的一個，而且不願意參加任何一派，我只是想寫，寫，寫，……我以爲我自己很清高，目的是寫，寫的也最多。」「只有一個念頭：寫，寫，寫，……就這樣苟且偷生地寫小說！」〔註2〕不願屈服於政治威勢的作家，似乎只能依靠文學維繫最後的「清高」與生存的勇氣。

　　但面對道德與政治的二元區分，無論文化抑或思想，美學抑或寫作，都不過是脆弱的空中樓閣。華裔學者傅葆石曾指出：「淪陷和未淪陷區域的政治界限是鬆散和靈活的，而心理和人爲的劃分卻是僵硬和死板的。……在戰時中國的民族主義話語中，淪陷區和非淪陷區的界限包含有地理上的和象徵性

<hr>

〔註 1〕參見張旭東著，謝俊譯：《散文與社會個體性的創造——論周作人 30 年代小品文寫作的審美政治》，《中國現代文學研究叢刊》2009 年第 1 期。
〔註 2〕李士非等編：《李克異研究資料》，知識產權出版社，2009 年，第 24、27 頁。

的兩重意義，道德二元的區分是鮮明的：善與惡，忠與奸。中國人統治的大
後方被視爲反殖民愛國主義和民族主義純粹性的聖地，而日本人佔領的地區
被看作受過玷污的『失節的他者』。」〔註3〕身處淪陷區的中國作家，生存本
身都是曖昧不清的道德問題，其寫作的合法性自然面臨道德質疑。1943 年，
身處大後方的朱自清兩次致信北平老友俞平伯，勸他愛惜羽毛，勿再公開發
表文章，俞平伯亦從善如流，日後回憶時猶感念故友直言勸諫之誠意〔註4〕。
旁觀者難有同情之理解，當事者也無心或無力自辯，北平淪陷時期的文學史
蹟，就此被遮蔽乃至銷毀。本文希望經由史料的發現，史實的重述，呈現北
平淪陷時期的散文寫作的基本面貌，倘若能使一部分被冷落的作家與作品，
在文學史書寫中重獲其應有的位置，將是本文最大的意義。

〔註3〕〔美〕傅葆石著，劉輝譯：《雙城故事：中國早期電影的文化政治》，北京大
　　　　學出版社，2008 年，第 85 頁。

〔註4〕蕭離整理：《俞平伯先生所認識的朱自清先生》，《平明日報》1948 年 8 月 26
　　　　日，參見孫玉蓉：《俞平伯資料三題》，《中國現代文學研究叢刊》1986 年第 1
　　　　期。

附錄一　北平淪陷時期出版的機構[註1]

出版社

序號	名　稱	出書年月	出書類別
1	曲園出版社	1941～1947 年	歷史、醫學
2	新春出版社	1943 年	歷史
3	新生出版社	1943 年	教育
4	穎光出版社	1944 年	農業
5	今世出版社	1945 年	文學
6	逸文出版社	1945 年	文學

編譯館、編纂處

序號	名　稱	出書年月	出書類別
1	（偽）教育總署編審會	1938～1945 年	教材
2	（偽）中華法令編譯館	1939～1943 年	法律、歷史
3	（偽）華北編譯館	1941～1943 年	文理、科技
4	（偽）中華民國史料編刊會	1943 年	歷史

〔註1〕本統計主要依據北京市地方志編纂委員會編：《北京志・新聞出版廣播電視卷・出版志》，北京出版社，2006 年；封世輝編著：《中國淪陷區文學大系・史料卷》，廣西教育出版社，2000 年；俞元桂、姚春樹、王耀輝、汪文頂編：《中國現代文學總書目・散文卷》，知識產權出版社，2010 年。

書社、書局、印書局、印書館

序號	名　　稱	出書年月	出書類別
1	京華印書局（館）	1914～1948 年	文史、科技
2	北京西什庫天主堂遣使會印書（字）館	1917～1948 年	宗教、哲學、語文、自然科學
3	武學（印）書館	1919～1949 年	軍事、社科
4	清眞書報社	1922～1949 年	宗教
5	中華印書局	1923～1948 年	文史、科技
6	華北書局	1928～1938 年	文史、自然科學
7	京城印書局	1931～1940 年	農業、文史哲
8	立達書局	1931～1943 年	文理
9	佛學書局	1933～1940 年	宗教
10	傳信（印）書局	1935～1939 年	文史、科技
11	東亞印書局	1936～1942 年	歷史、哲學
12	復興印書館	1936～1946 年	哲學
13	金華印書局	1937～1942 年	歷史、經濟
14	增刊印書局	1938 年	宗教
15	新民書局	1938～1939 年	文學、哲學
16	新民印書館	1938～1945 年	文理、科學、教材
17	建業書局	1938～1948 年	教育
18	光明印書局	1939 年	歷史
19	和平印書局	1939 年	文學
20	華龍印書館	1939～1941 年	語文、宗教、文學
21	警學書局	1939～1940 年	語言
22	新民音樂書局	1939～1943 年	文藝、教材
23	義茂書局	1940 年	文學
24	義文書局	1940 年	文學
25	正氣書局	1940 年	文學
26	擷華永記印書局	1940 年	文學
27	大華書局	1940～1941 年	語文、文學
28	北望印書館	1941 年	文學
29	同化印書館	1941 年	文學

序號	名　稱	出書年月	出書類別
30	中華圖書文具社	1941 年	文學
31	鴻文書局	1941 年	文學
32	文興書局	1941～1942 年	文史
33	強群（印）書局	1941～1944 年	歷史、教育
34	環球書局	1942 年	自然科學
35	中華圖書社	1942 年	農業
36	新中國印書館	1943 年	政治
37	（偽）華北文化書局	1943～1945 年	教育、文學
38	文章書房	1945 年	文學

兼營出版的書店

序號	名　稱	出書年月	出書類別
1	北京書店	1927～1945 年	文史、科技
2	東方書店	1929～1940 年	文學、經濟
3	人人書店	1934～1943 年	文史、科技
4	劇學書店	1938 年	文學
5	東風書店	1940 年	文學
6	正文書店	1941 年	文學
7	金城書店	1942 年	經濟
8	馬德增書店	1942～1949 年	文學

兼營出版的古籍書店

序號	名　稱	出書年月	出書類別
1	佩文齋（書莊）	1920～1938 年	文學、法律
2	佛經流通處	1921～1948 年	宗教
3	文殿閣書莊	1926～1939 年	社科
4	文嵐簃（古宋）印書局	1929～1939 年	社科
5	老二西堂（書局）	1934～1941 年	語文
6	學古堂書莊	1935～1940 年	曲藝
7	來薰閣書店	1935～1947 年	歷史

序號	名　　稱	出書年月	出書類別
8	泰山堂書莊	1936～1942 年	曲藝
9	崇德堂印書館	1940 年	宗教
10	志凱堂	1940～1947 年	
11	函雅堂（書店）	1941 年	歷史

學社、學會、協會、教會、社團

序號	名　　稱	出書年月	出書類別
1	中華公教進行會	1911～1939 年	宗教、語文
2	文化學社	1918～1949 年	文理、科技
3	道德學社	1919～1948 年	社會、宗教
4	救世新教會	1922～939 年	宗教
5	華北居士林	1930～1943 年	宗教
6	中華公教教育聯合會	1930～1946 年	宗教
7	華北公理會	1931～1938 年	宗教
8	華北科學社	1931～1944 年	文理、教材
9	萬國道德總會	1932～1947 年	社科、醫學
10	北平戲曲研究社	1933～1941 年	文藝、歷史
11	北平經濟學社	1934～1939 年	經濟
12	北平科學社	1934～1949 年	文理、教材
13	國際文化社	1936～1946 年	哲學
14	聖母會	1937～1948 年	宗教
15	警察共濟社	1938 年	宗教
16	學古堂書畫社	1938 年	文藝
17	北京新聞協會	1938～1942 年	政治、文化
18	中華聖經會北平分會	1939 年	宗教
19	北京進化社	1939～1945 年	文藝
20	盛蘭學社	1940～1949 年	語文、教育、文學
21	現代學社	1941 年	文化、新聞
22	輔仁文苑社	1939～1942 年	文學

序號	名　　稱	出書年月	出書類別
23	文化社	1941～1944 年	文學
24	（僞）中華民國醫學會	1941～1944 年	醫學
25	春明服務社	1942 年	歷史
26	興亞宗教協會	1942 年	歷史、政治
27	華北作家協會	1942～1945 年	文學
28	藝文社	1943～1945 年	文學
29	錦社	1944 年	文學
30	新亞洲學會	1944 年	歷史
31	亞洲文化學會	1944 年	歷史

兼營出版的學術文教機構

序號	名　　稱	出書年月	出書類別
1	北平圖書館	1919～1943 年	文史、科技、書目
2	燕京大學 （哈佛燕京學社）	1916～1941 年 1931～1941 年	文理 文理、書目、引得
3	中國大學	1917～1949 年	文理、科技、教育
4	朝陽大學	1920～1941 年	社科
5	輔仁大學	1926～1948 年	文理
6	故宮博物院	1925～1948 年	社科、書目
7	法文圖書館	1930～1948 年	文史、藝術
8	北平（京） 近代科學圖書館	1933～1945 年	文史、科技、語言
9	直鈞科學實驗室	1934～1941 年	科技
10	中德學會	1935～1945 年	文史、社科
11	法源佛學院	1939 年	宗教
12	得泉簿記學校	1940 年	經濟
13	國學書院	1941～1945 年	文史
14	（僞）中國新聞學院	1943 年	文化、政治
15	中法漢學研究所	1943～1947 年	文史
16	弘慈佛學院	1943～1946 年	宗教

兼營出版的報社、期刊社

序號	名　　稱	出書年月	出書類別
1	實報社	1927～1940 年	社科、文學
2	靈食季刊社	1927～1947 年	宗教、文藝
3	國醫砥柱社	1937～1948 年	醫學
4	中國公論社	1937～1945 年	文學、政治
5	武德報社	1938～1944 年	社科、政治、文學
6	沙漠畫報社	1938～1943 年	文史
7	立言畫刊社	1938～1945 年	文學
8	新民報社	1938～1944 年	政治、文學
9	新北京報社	1939～1940 年	文學
10	新中國社	1939～1940 年	政治
11	圖書季刊社	1940 年	文學
12	吾友報社	1940～1945 年	文學
13	藝術與生活（畫報）社	1941～1943 年	文學
14	新進（月刊）社	1941～1943 年	文學
15	東亞聯盟月刊社	1942 年	政治
16	三六九畫報社	1943 年	文史
17	市縣行政研究月刊社	1943 年	政治

兼營出版的印刷單位

序號	名　　稱	出書年月	出書類別
1	燕京印刷局	1925～1939 年	文教
2	中央刻經院	1930～1944 年	佛教
3	同懋祥南紙印刷店	1938 年	哲學
4	北京印刷廠	1939 年	文學
5	福生印刷局	1939～1940 年	經濟
6	震生印刷局	1942 年	宗教
7	中原印刷局	1943～1944 年	宗教、社會

附錄二　北平淪陷時期散文出版一覽表

^{〔註1〕}

序號	書　　名	作　　者	出版社	出版年月
1	夢幻的陶醉	李自珍	北平文化學社	1937 年 11 月初版
2	江南韻事	吳乃禮	作者自刊	1938 年 5 月初版
3	周作人代表作選	周作人著 張均編	上海全球書店	1938 年 7 月初版
4	吳鍔從公雜感	吳鍔	作者自刊	1938 年 11 月初版
5	東遊雜感	朱華	作者自刊	1938 年初版
6	獨人日記	閻重樓	北平傳信書局	1939 年 1 月初版
7	周作人隨筆抄	周作人著 田中慶太郎編	東京文求堂	1939 年 4 月初版 1941 年 3 月再版 1941 年 11 月三版
8	秉燭談	周作人	上海北新書局	1940 年 2 月初版
9	畫夢集	畢樹棠	上海宇宙風社	1940 年 3 月初版
10	妄談	老宣	北平擷華永記印書局	1940 年 4 月三版
11	留日漫記 （第一卷）	蕭昔生	北平東方書店	1940 年 5 月初版

〔註 1〕 包括淪陷時期北平地區出版的散文集，以及北平作家在外地出版的散文集，
　　　　兼收選集與再版書籍。本統計主要參考封世輝編著：《中國淪陷區文學大系‧
　　　　史料卷》，廣西教育出版社，2000 年；俞元桂、姚春樹、王耀輝、汪文頂編：
　　　　《中國現代文學總書目‧散文卷》，知識產權出版社，2010 年。

序號	書　名	作　者	出版社	出版年月
12	苦竹雜記	周作人	上海良友復興圖書印刷公司	1940 年 5 月普及本初版 1941 年 10 月普及本再版
13	一鐙樓文集	林實馨	作者自刊	1940 年 8 月初版
14	暢觀	實報社編	北平實報社	1940 年 10 月初版
15	燕郊集	俞平伯	上海良友復興圖書印刷公司	1940 年 10 月普及本初版
16	九九登高記	邵雲亭等著	作者自刊	1940 年
17	自己的文章	周作人著 上海三通書局編輯部編	上海三通書局	1941 年 1 月初版
18	吾家	林如斯、林無雙著，李木譯	北平沙漠畫報社	1941 年 1 月初版
19	蠹魚集	林棲	北平沙漠畫報社	1941 年 2 月初版
20	周作人代表集	周作人著 上海三通書局編輯部編	上海三通書局	1941 年 2 月初版
21	椰子集	秦佩珩	上海南強書屋	1941 年 3 月初版
22	落葉集	蕭艾	北平中華圖書文具社	1941 年 3 月初版
23	藥堂語錄	周作人	天津庸報社	1941 年 5 月初版
24	徵友書信集	朱公穎編	北平吾友報社	1941 年 8 月初版
25	藥味集	周作人	北平新民印書館	1942 年 3 月初版
26	留東遊記	莫東寅	作者自刊	1942 年 3 月初版
27	尋夢者〔註 2〕	黃肅秋	北平藝術與生活社	1942 年 6 月初版
28	童年彩色版	狂夢	北平藝術與生活社	1942 年 10 月初版
29	十九年集	謝溥謙	北平藝術與生活社	1942 年 12 月初版
			北平大華印刷局	1942 年初版

〔註 2〕詩文合集，收新詩 17 首，散文 17 篇。

序號	書　　名	作　　者	出版社	出版年月
30	遠人集	林榕	北平新民印書館	1943 年 12 月初版
31	白川集	傅芸子	東京文求堂	1943 年 12 月初版
32	蠹魚篇〔註3〕	周黎庵編	上海古今出版社	1943 年 12 月初版
33	藥堂雜文	周作人	北平新民印書館	1944 年 1 月初版 1945 年 2 月再版
34	現代散文筆記選〔註4〕	迅風編	上海太平出版公司	1944 年 4 月初版
35	草梗集〔註5〕	辛嘉	新京興亞雜誌社	1944 年 4 月初版
36	書房一角	周作人	北平藝文社	1944 年 5 月初版
37	棄餘集	常風	北平新民印書館	1944 年 6 月初版
38	文藝傑作〔註6〕	周作人等著	上海東方圖書公司	1944 年 8 月初版
39	秉燭後談	周作人	北平新民印書館	1944 年 9 月初版
40	離鄉集〔註7〕	戈壁	北平新民印書館	1944 年 10 月初版
41	文抄	文載道	北平藝文社	1944 年 11 月初版
42	一士類稿	徐一士	上海古今出版社	1944 年 11 月初版
43	苦口甘口	周作人	上海太平書局	1944 年 11 月初版
44	藝術與技術	呂奇	北平新民印書館	1944 年 11 月初版
45	人物風俗制度叢談甲集	瞿兌之	上海太平書局	1945 年 3 月初版
46	松堂集	南星	北平新民印書館	1945 年 4 月初版
47	招隱集〔註8〕	廢名著 開元編	漢口大楚報社	1945 年 5 月初版

〔註3〕散文合集，共收 7 人散文 8 篇，包括北平作家周作人、謝興堯、謝剛主 3 人散文 3 篇。

〔註4〕散文合集，共收 21 人散文 46 篇，包括北平作家周作人、沈啓無、林榕、伯上（周豐一）4 人散文 12 篇。

〔註5〕辛嘉出生於北平，「七七事變」後去東北工作，曾在新京滿日文化協會任職，與古丁等人創辦藝文志刊行委員會，1941 年參加滿洲文藝家協會，後又從新京返回北平，在武德報社工作，並加入華北作家協會，並與袁犀等人組織文圓社，1944 年 9 月被推舉爲華北作家協會執行委員兼隨筆部門主任委員。《草梗集》收錄其在東北及北平寫作的散文共 29 篇。

〔註6〕小說散文選集，選 5 人散文、小說共 22 篇，包括周作人散文 11 篇。

〔註7〕小說散文合集，收小說 6 篇，童話 6 篇，散文 5 篇。

〔註8〕詩文合集，收新詩 15 首，散文 8 篇。

序號	書　　名	作　　者	出版社	出版年月
48	一士談薈	徐一士	上海太平書局	1945 年 6 月初版
49	夜書	林榕	北平文章書房	1945 年 6 月初版
50	立春以前	周作人	上海太平書局	1945 年 8 月初版

附錄三　北平淪陷時期重要散文期刊與校園文學刊物目錄

　　說明：本附錄收錄本書涉及的較重要的散文雜誌目錄。《朔風》12 期以後改由「朔風社」編輯，以政治時事爲主，文藝只是點綴，因此不予收錄。

《朔風》

方紀生、陸離編輯，東方書店出版

第 1 期，1938 年 11 月 10 日

談勸酒	知堂
小說瑣志	畢樹棠
關於芝草的考證	班書閣
談食樂道	紀生
詠兒童詩二章	沈啓無
粵謳	譚鋒
徐志摩與戲劇	李曼茵
醬油與我	伯上
殘秋	聞國新
不如歸一折	錢稻孫
偉人們的遺言	
馬克吐溫作，林慰君譯	
寶兒	陳綿
玻璃門裏	
夏目漱石作，方紀生譯	
編後隨筆	編者

第 2 期，1938 年 12 月 10 日

談搔癢	知堂
談家書	商鴻逵
談讀書	譚鋒
懷辛笛	沈啓無
相失	辛笛
譚宋人之愚	張壽林
由乳酪談到杏酪	傅芸子
今年釣魚	伯上
過去與回憶	江寄萍
愛與友誼的商榷	麥靜
燕京隨筆	蘇民生
落華生及其《解放者》	李曼茵
也是園所藏珍本元明雜劇之	
發見（上）	傅惜華
安眠藥水（上）	陳綿
玻璃門裏·夏目漱石作，方紀生譯	

珍簡⋯⋯⋯⋯⋯⋯⋯⋯辛笛
春天的聲音⋯⋯⋯⋯⋯李騎子
像片⋯⋯⋯⋯⋯⋯⋯⋯林慰君
古畫⋯⋯⋯⋯⋯⋯⋯⋯蕭賦
老唐⋯⋯⋯⋯⋯⋯⋯⋯梅瑞林
別離⋯⋯⋯⋯⋯⋯⋯⋯楊丙辰
浪子回頭⋯⋯⋯⋯⋯⋯訊鴿譯
草堂隨筆⋯⋯英國吉辛作，南星譯
朔風室札記⋯⋯⋯⋯⋯編者

第 8 期，1939 年 6 月 16 日

趣味⋯⋯⋯⋯⋯⋯⋯⋯畢雨秋
談老⋯⋯⋯⋯⋯⋯⋯⋯傅正
孟光舉案齊眉的「案」⋯劉緱扈
蝴蝶與文學⋯⋯⋯⋯⋯江寄萍
徐志摩演戲的回憶⋯⋯⋯趙森
《老屋》⋯⋯⋯⋯⋯⋯吳興華
背影⋯⋯⋯⋯⋯⋯⋯⋯李騎子
扇⋯⋯⋯⋯⋯⋯⋯⋯⋯陸笛
故友⋯⋯⋯⋯⋯⋯⋯⋯陳震
老唐⋯⋯⋯⋯⋯⋯⋯⋯梅瑞林
世界文人逸事⋯⋯⋯⋯⋯李木譯
浪子回頭⋯⋯⋯⋯⋯⋯訊鴿譯

第 10 期，1939 年 7 月 16 日

病夏⋯⋯⋯⋯⋯⋯⋯⋯畢雨秋
談罵人⋯⋯⋯⋯⋯⋯⋯張金壽
小字問題⋯⋯⋯⋯⋯⋯趙森
關於詩的定義⋯⋯⋯⋯林慰君
讀書聲⋯⋯⋯⋯⋯⋯⋯劉緱扈
花籃⋯⋯⋯⋯⋯⋯⋯⋯陸笛
雨夜⋯⋯⋯⋯⋯⋯⋯⋯江寄萍
夢回的步歧上⋯⋯⋯⋯林喉
獻花小語⋯⋯⋯⋯⋯⋯陳震
懷 PH⋯⋯⋯⋯⋯⋯⋯紀果軒
碎琴⋯⋯⋯⋯⋯⋯⋯⋯王石子

小新房⋯⋯⋯⋯⋯⋯⋯林榕譯
吾國與吾民⋯⋯⋯⋯⋯雨秋譯

第 11 期，1939 年 8 月 16 日

小品文與思想⋯⋯⋯⋯謝興堯
談蝨子⋯⋯⋯⋯⋯⋯⋯畢雨秋
談文貧⋯⋯⋯⋯⋯⋯⋯張金壽
賣文章⋯⋯⋯⋯⋯⋯⋯趙森
關於繪畫⋯⋯⋯⋯⋯⋯李騎子
打球的考據⋯⋯⋯⋯⋯江寄萍
無題⋯⋯⋯⋯⋯⋯⋯⋯陸離
死的一夕談⋯⋯⋯⋯⋯阿茨
菊之悼⋯⋯⋯⋯⋯⋯⋯林慰君
第一盞燈⋯⋯⋯⋯⋯⋯心揮
青衫⋯⋯⋯⋯⋯⋯⋯⋯陳震
談紹興酒⋯⋯⋯⋯⋯⋯陶之譯
故國⋯⋯⋯⋯⋯⋯⋯⋯吳興華譯
吾國與吾民⋯⋯⋯⋯⋯雨秋譯

《學文》
學文月刊社編輯、發行

第 1 期，1939 年 11 月 15 日

藥草堂筆記⋯⋯⋯⋯⋯知堂
堂谿舊事⋯⋯⋯⋯⋯⋯佩珩
腳氣⋯⋯⋯⋯⋯⋯⋯⋯林鳳
調和⋯⋯⋯⋯⋯⋯⋯⋯白鷗
一隻蚊子⋯⋯⋯⋯⋯⋯梁雯
某夜⋯⋯⋯⋯⋯⋯⋯⋯禾草
永日小品兩章⋯⋯⋯⋯飛白譯
詩人拜倫⋯⋯⋯⋯⋯⋯大同
關於泰戈爾⋯⋯⋯⋯⋯野鶴
畫家的手冊⋯⋯⋯⋯⋯吳興華
詩話⋯⋯⋯⋯⋯⋯⋯⋯孫雨庵
編後話⋯⋯⋯⋯⋯⋯⋯編輯室

《燕京文學》

北平燕京大學燕京文學社編輯、發行

《燕園集》

燕園集編輯委員會編輯，燕園集出版委員會發行

1940 年 5 月出版

沉默⋯⋯⋯⋯⋯⋯⋯⋯⋯吳興華
無邪的歌⋯⋯⋯⋯⋯⋯⋯吳興華
「而從高處落下的水——」吳興華
在黃昏裏⋯⋯⋯⋯⋯⋯⋯吳興華
「森林書」⋯⋯⋯⋯⋯⋯⋯姚伊
細柳集⋯⋯⋯⋯⋯⋯⋯⋯⋯孫羽
仙人冢⋯⋯⋯⋯⋯⋯⋯⋯秦佩珩
圓明園⋯⋯⋯⋯⋯⋯⋯⋯張茵陳
夜行⋯⋯⋯⋯⋯⋯⋯⋯⋯張茵陳
語⋯⋯⋯⋯⋯⋯⋯⋯⋯⋯張茵陳
望著向海的人⋯⋯⋯⋯⋯張敏珍
後記⋯⋯⋯⋯⋯⋯⋯⋯⋯汪玉岑

《文學集刊》

沈啟無主編、藝文社出版

第 1 輯，1943 年 9 月

卷頭語
新詩應該是自由詩 ⋯⋯⋯⋯廢名
白鷺與風⋯⋯⋯⋯⋯⋯⋯⋯開元
默坐，所以責我身 ⋯⋯⋯沈寶基
談西廂記哭宴 ⋯⋯⋯⋯⋯⋯平伯
陶淵明與田園詩人 ⋯⋯⋯⋯鄭騫
娼女對話·路吉亞諾思著，金鐸譯
手杖⋯⋯⋯⋯⋯⋯⋯⋯⋯⋯袁犀
閒步齋書簡鈔 ⋯⋯⋯⋯⋯沈啓無
海底墳園⋯⋯⋯⋯⋯⋯⋯朱芳濟
王漁洋的散文 ⋯⋯⋯⋯⋯商鴻逵
寡婦難⋯⋯⋯⋯⋯⋯⋯⋯⋯
Luigi Porandello 作，畢樹棠譯
惆悵⋯⋯⋯⋯⋯⋯⋯⋯⋯李道靜
晚清的翻譯 ⋯⋯⋯⋯⋯⋯⋯林榕
與初學者談小品文
⋯⋯⋯⋯⋯⋯渥德霍斯作，林棲譯
陳岫和他的朋友 ⋯⋯⋯⋯關永吉
關於舞臺裝飾 ⋯⋯⋯⋯⋯朱肇洛

孤竹君之二子 ⋯⋯⋯⋯⋯⋯黃雨
司空圖詩品與道家思想 ⋯李戲魚
流水（外二章）⋯⋯⋯⋯⋯南星
骨頭⋯⋯⋯⋯⋯⋯⋯⋯⋯⋯馬驪
俳句選譯 ⋯⋯⋯松尾芭蕉作，徐白林譯
北大圖書館善本藏曲志（上）
⋯⋯⋯⋯⋯⋯⋯⋯⋯⋯⋯傅惜華

第 2 輯，1944 年 4 月 10 日

已往的詩文學與新詩⋯⋯⋯⋯廢名
兩派文藝之性質⋯席勒作，楊丙辰譯
行吟（三章）⋯⋯⋯⋯⋯⋯沈寶基
逆水船（七首）⋯⋯⋯⋯⋯⋯傑西
獨立（外三章）⋯⋯⋯⋯⋯⋯林棲
愛略特詩抄 ⋯⋯⋯⋯⋯⋯⋯方濟
彭當拜理詩抄 ⋯⋯⋯⋯⋯⋯貝土
茹道克詩抄 ⋯⋯⋯⋯⋯⋯⋯行乾
詩抄四首⋯⋯⋯⋯⋯⋯⋯⋯慶來譯
卻說一個鄉間市集 ⋯⋯⋯⋯開元
幽窗⋯⋯⋯⋯⋯⋯⋯⋯⋯⋯寶木
錫兵⋯⋯⋯⋯⋯⋯⋯⋯⋯⋯石靈
山居⋯⋯⋯⋯⋯⋯⋯⋯⋯⋯何漫
逝水草⋯⋯⋯⋯⋯⋯⋯⋯⋯黃雨
百合花⋯⋯⋯⋯⋯⋯⋯⋯⋯艾辰
三家散文抄 ⋯⋯⋯⋯⋯⋯南星譯
金交椅⋯⋯⋯⋯⋯⋯⋯⋯畢基初
宋瓷碗⋯⋯⋯⋯⋯⋯⋯⋯趙蔭堂
百葉窗⋯⋯⋯⋯Pierre Louys，彥章譯
續談西廂記哭宴⋯⋯⋯⋯⋯⋯平伯
序文兩篇⋯⋯⋯⋯⋯⋯⋯⋯白藥
雪中隨筆⋯⋯⋯⋯⋯⋯⋯⋯映白
《草原李爾》引言
⋯⋯⋯⋯⋯⋯⋯E·加涅特，文祐譯
八大山人雜感武者小路實篤，辛嘉譯
阿 Q 正傳與其劇本 ⋯⋯⋯⋯林榕
娼女對話⋯⋯⋯⋯⋯⋯⋯金鐸譯

《北大文學》

偽北京大學文學院編輯、發行

第 1 輯，1943 年 6 月

《逸文》

謝興堯主編，逸文出版社發行

第 1 期，1945 年 4 月 10 日

詩畫序跋 ……………………… 周養庵

第 2 期，1945 年 6 月

樸園藏周作人先生書聯 … 齊宣跋
和漏與鄉味 …………………… 徐一士
鄭蘇戡海藏樓詩 ……………… 挹彭
明代短篇小說 ………………… 謝剛主
何克之先生側影 ……………… 堯公
東遊鑒古錄（下）………… 傅芸子
太眞故事之子弟書（上）·傅惜華
關於王禮甲 …………………… 齊宣

記冰心先生 …………………… 朱炳蓀
亂世文物 ……………………… 五知
消夏錄 ………………………… 齊宣
希臘神話中的戀愛觀 ………… 雷妍
詩畫題跋（二）……………… 周養庵
清代八大家王府沿革瑣記（下）
………………………………… 崇煥卿
津遊紀實 ……………………… 白寶華
論長生 ………………………… 立齋
文史鱗爪 ……………………… 一廠

參考文獻

報紙期刊

1. 《晨報》，1937～1943 年，北平。
2. 《大公報》，1933～1937 年，天津。
3. 《華北新報》，1944～1945 年，北平。
4. 《民眾報》，1940～1944 年，北平。
5. 《實報》，1937～1945 年，北平。
6. 《武德報》，1938～1944 年，北平。
7. 《新北平》，1938～1943 年，北平。
8. 《新民報》，1938～1944 年，北平。
9. 《新民報半月刊》，1939～1943 年，北平。
10. 《新民報晚刊》，1938～1941 年，北平。
11. 《新中國報》，1940～1945 年，上海。
12. 《燕京新聞》，1937～1941 年，北平。
13. 《庸報》，1937～1944 年，天津。
14. 《中報》，1940～1945 年，南京。
15. 《中華日報》，1937～1944 年，上海。
16. 《北大文學》，第 1 期，1943 年，北平。
17. 《北京新聞協會會報》，第 1～8 期，1938～1942 年，北平。
18. 《北京近代科學圖書館館刊》，第 1～6 期，1937～1939 年，北平。〔註1〕
19. 《出版月報》，第 3～11 期，1943～1944 年，南京。

〔註 1〕1937 年 9 月發行的創刊號題為《北平近代科學圖書館館刊》，同年 12 月發行的第 2 期開始，改題為《北京近代科學圖書館館刊》。

20.《大東亞文學》，第 1～2 期，1944 年，東京。

21.《讀書青年》，第 1 卷第 1 期～第 2 卷第 6 期，1944～1945 年，北平。

22.《敦鄰》，第 1 卷第 1 期～第 2 卷第 4 期，1943～1944 年，北平。

23.《風雨談》，第 1～21 期，1943～1945 年，上海。

24.《覆瓿》，第 1～8 期，1939～1940 年，北平。

25.《輔仁文苑》，第 1～11 輯，1939～1942 年，北平。〔註 2〕

26.《輔仁文苑聖誕特刊》，1939 年 12 月 25 日，北平。

27.《古今》，第 1～57 期，1942～1944 年，上海。

28.《國立華北編譯館館刊》，第 1 卷第 1 期～第 2 卷第 10 期，1942～1943 年，北平。

29.《國民雜誌》，第 1 卷第 1 期～第 4 卷 12 期，1941～1944 年，北平。

30.《華北年刊》，第 1～3 期，1943～1945 年，北平。

31.《華北政務委員會公報》，1940～1945 年，北平。

32.《華北作家月報》，第 1～8 期，1942～1943 年，北平。

33.《華光》，第 1 卷第 1 期～第 2 卷第 4 期，1939～1940，北平。

34.《華文大阪每日》，第 1 卷第 1 期～卷期，1938～，東京。

35.《教育時報》，第 1～17 期，1941～1944 年，北平。

36.《苦竹》，第 1～3 期，1944～1945 年，南京。

37.《綠洲》，第 1～3 期，1936 年，北平。

38.《駱駝草》，第 1～26 期，1930 年，北平。

39.《人間》，第 1 卷第 1 期～第 1 卷第 4 期，1943 年，上海。

40.《人間世》，第 1～42 期，1934～1935 年，上海。

41.《論語》，第 1～117 期，1932～1937 年，上海。

42.《沙漠畫報》，第 1 卷第 1 期～第 6 卷第 15 期，1938～1943 年，北平。

43.《水星》，第 1 卷第 1 期～第 2 卷第 3 期，1934～1935 年，北平。

44.《朔風》，第 1～25 期，1938～1940 年，北平。

45.《太白》，第 1 卷第 1 期～第 2 卷第 12 期，1934～1935 年，上海。

46.《談風》，第 1～18 期，1936～1937 年，上海。

47.《天地》，第 1～20 期，1943～1945 年，上海。

48.《同聲》，第 1 卷第 1 期～第 4 卷第 3 期，1940～1944 年，南京。

49.《萬人文庫》，第 1～40 期，1942～1943 年，北平。

〔註 2〕第 1 輯原名《文苑》，從第 2 輯開始改名爲《輔仁文苑》。

50. 《萬象》，第 1 卷第 1 期～第 4 卷第 7 期，1941～1945 年，上海。

51. 《文飯小品》，第 1～6 期，1935 年，上海。

52. 《文化年刊》，第 1～3 卷，1945 年，北平。

53. 《文帖》，第 1 卷第 1 期～第 1 卷第 5 期，1945 年，上海。

54. 《文學集刊》，第 1～2 輯，1943～1944 年，北平。

55. 《文學季刊》，第 1 卷第 1 期～第 2 卷第 4 期，1934～1935 年，北平。

56. 《文學雜誌》，第 1 卷第 1 期～第 1 卷第 4 期，1937 年，北平。

57. 《文藝》，第 1～2 期，1939 年，北平。

58. 《文藝時代》，第 1 卷第 1 期～第 1 卷第 6 期，1946 年，北平。

59. 《文藝世紀》，第 1～2 期，1944～1945 年，上海。

60. 《吾友》，第 1 卷第 1 期～第 5 卷第 11 期，1941～1945 年，北平。

61. 《西洋文學》，第 1～10 期，1940～1941 年，上海。

62. 《新光》，第 1 卷第 1 期～第 4 卷第 12 期，1940～1944 年，北平。

63. 《新民聲》，1944～1945 年，北平。

64. 《新民聲半月刊》，第 1 卷第 1 期～第 1 卷第 14 期，1944 年，北平。

65. 《新民印書館報》，第 1～5 期，1939～1940 年，北平。

66. 《學文》，第 1～4 期，1934 年，北平。

67. 《學文》，第 1～5 期，1939 年，北平。

68. 《燕京文學》，第 1 卷第 1 期～第 3 卷第 2 期，1940～1941 年，北平。

69. 《燕園集》，1940 年 5 月，北平。

70. 《藝術與生活》，第 1 卷第 1 期～40 期，1939～1943 年，北平。

71. 《逸經》，第 1～28 期，1936～1937 年，上海。

72. 《逸經、宇宙風、西風非常時期聯合旬刊》，第 1～7 期，1937 年，上海。

73. 《逸文》，第 1～2 期，1945 年，北平。

74. 《藝文雜誌》，第 1 卷第 1 期～第 3 卷第 5 期，1943～1945 年，北平。

75. 《宇宙風》，第 1～66 期，1935～1937 年，上海。

76. 《宇宙風乙刊》，第 1～55 期，1939～1941 年，上海。

77. 《中國公論》，第 1 卷第 1 期～第 12 卷第 4 期，1939～1945 年，北平。

78. 《中國留日同學會季刊》，第 1～9 期，1942～1944 年，北平。

79. 《中國文學》，第 1～11 期，1944 年，北平。

80. 《中國文藝》，第 1 卷第 1 期～第 9 卷第 3 期，1939～1943 年，北平。

81. 《中和月刊》，第 1 卷第 1 期～第 5 卷第 12 期，1940～1944 年，北平。

專 著

A

1. 阿英編:《晚明二十家小品》,石家莊:河北人民出版社,1989 年。

2.〔美〕艾德敷著,劉天路譯:《燕京大學》,珠海:珠海出版社,2005 年。

3.〔美〕艾爾曼著,趙剛譯:《從理學到樸學——中華帝國晚期思想與社會變化面面觀》,南京:江蘇人民出版社,1995 年。

4.〔美〕本尼迪克特・安德森著,吳叡人譯:《想像的共同體:民族主義的起源與散佈》,上海:上海人民出版社,2003 年。

B

1.〔英〕齊格蒙・鮑曼著,洪濤譯:《立法者與闡釋者:論現代性、後現代性與知識分子》,上海:上海人民出版社,2000 年。

2. 鮑耀文編:《周作人與鮑耀明通信集》,開封:河南大學出版社,2004 年。

3. 北京輔仁大學校友會編印:《輔仁往事》1～5 輯,2006～2010 年。

4.《北京出版史志》編輯部編:《北京出版史志》1～16 輯,北京:北京出版社,1990～2000 年。

5. 北京市地方志編纂委員會編:《北京志・新聞出版廣播電視卷・出版志》,北京:北京出版社,2005 年。

6. 北京市地方志編纂委員會編:《北京志・新聞出版廣播電視卷・期刊志》,北京:北京出版社,2006 年。

7. 北京市檔案館編:《日偽北京新民會》,北京:光明日報出版社,1989 年。

8.〔德〕瓦爾特・本雅明著,王才勇譯:《發達資本主義時代的抒情詩人》,南京:江蘇人民出版社,2005 年。

9. 畢樹棠著:《畫夢集》,上海:宇宙風社,1940 年。

10.〔法〕皮埃爾・布迪厄著,劉暉譯:《藝術的法則:文學場的生成與結構》,北京:中央編譯出版社,2001 年。

11. 卞之琳編:《漢園集》,上海:商務印書館,1936 年。

12. 卞之琳編:《人與詩:憶舊說新》,合肥:安徽教育出版社,2007 年。

13. 冰心、蕭乾主編:《燕大文史資料》第五輯,北京:北京大學出版社,1991 年。

14. 冰心、蕭乾主編:《燕大文史資料》第六輯,北京:北京大學出版社,1992 年。

15.〔美〕約翰・亨特・博伊爾著,陳體芳、樂刻等譯:《中日戰爭時期的通敵內幕,1937～1945》,北京:商務印書館,1978 年。

16. 〔英〕卜立德著，陳廣宏譯：《一個中國人的文學觀——周作人的文藝思想》，上海：復旦大學出版社，2001 年。

C

1. 蔡江珍著：《中國散文理論的現代性想像》，北京：中國社會科學出版社，2006 年。

2. 常風著：《逝水集》，瀋陽：遼寧教育出版社，1995 年。

3. 常風著：《棄餘集》，北平：新民印書館，1944 年。

4. 常風著：《窺天集》，上海：正中書局，1948 年。

5. 陳國球著：《文學史書寫形態與文化政治》，北京：北京大學出版社，2004 年。

6. 陳平原、王德威主編：《北京：都市想像與文化記憶》，北京：北京大學出版社，2005 年。

7. 陳平原著：《中國現代學術之建立——以章太炎、胡適之為中心》，北京：北京大學出版社，1998 年。

8. 陳青生著：《抗戰時期的上海文學》，上海：上海人民出版社，1995 年。

9. 陳望道編：《小品文和漫畫》影印本，上海：上海書店，1981 年。

10. 陳子善編：《林以亮佚文集》，香港：皇冠出版社，2001 年。

D

1. 鄧雲鄉著：《燕京鄉土記》，石家莊：河北教育出版社，2004 年。

F

1. 范培松著：《中國散文批評史》，南京：江蘇教育出版社，2000 年。

2. 范培松著：《中國現代散文史》，南京：江蘇教育出版社，1993 年。

3. 廢名、開元著：《水邊》，北平：新民印書館，1944 年。

4. 廢名著，開元編：《招隱集》，漢口：大楚報社，1945 年。

5. 廢名、朱英誕著，陳均編訂：《新詩講稿》，北京：北京大學出版社，2008 年。

6. 費正、李作民、張家驥著：《抗戰時期的偽政權》，開封：河南人民出版社，1993 年。

7. 〔美〕費正清、費惟愷編：《劍橋中華民國史（1912～1949）》，北京：中國社會科學出版社，1994 年。

8. 封世輝編著：《中國淪陷區文學大系·史料卷》，南寧：廣西教育出版社，2000 年。

9. 馮文炳著：《談新詩》，北平：新民印書館，1944 年。

10. 馮三昧著：《小品文研究》，上海：世界書局，1933 年。

11. 〔美〕傅葆石著，劉輝譯：《雙城故事：中國早期電影的文化政治》，北京：北京大學出版社，2008 年。

12. 傅芸子著：《正倉院考古記 白川集》，瀋陽：遼寧教育出版社，2000 年。

13. 復旦大學歷史系編譯：《1931～1945 日本帝國主義對外侵略史料選編》，上海：上海人民出版社，1983 年。

G

1. 高恒文著：《京派文人：學院派的風采》，上海：上海教育出版社，2000 年。

2. 〔美〕傑弗里·格里德爾著，單正平譯：《知識分子與現代中國》，天津：南開大學出版社，2002 年。

3. 〔美〕耿德華著，張泉譯：《被冷落的繆斯——中國淪陷區文學史（1937～1945)》，北京：新星出版社，2006 年。

4. 關永吉著：《秋初》，北平：新民印書館，1944 年。

5. 郭貴儒、張同樂、封漢章著：《華北偽政權史稿》，北京：社會科學文獻出版社，2007 年。

6. 郭衛東主編：《外國在華文化機構縱錄》，上海：上海人民出版社，1993 年。

7. 郭預衡著：《中國散文史》，上海：上海古籍出版社，1986 年。

H

1. 哈迎飛著：《半是儒家半釋家：周作人思想研究》，北京：人民文學出版社，2009 年。

2. 何其芳著：《畫夢錄》，上海：文化生活出版社，1936 年。

3. 何其芳著：《還鄉日記》，上海：良友復興圖書印刷公司，1939 年。

4. 何其芳著：《刻意集》，上海：文化生活出版社，1938 年。

5. 黃開發著：《人在旅途：周作人的思想與文體》，北京：人民文學出版社，1999 年。

6. 黃開發著：《文學之用：從啓蒙到革命》，北京：北平十月文藝出版社，2004 年。

7. 黃科安著：《現代散文的建構與闡釋》，福州：海峽文藝出版社，2001 年。

8. 黃美眞編：《偽廷幽影錄——對汪偽政權的回憶》，上海：東方出版社，2010 年。

9. 黃裳著：《來燕榭集外文鈔》，北京：作家出版社，2006 年。

10. 〔美〕黃心村著，胡靜譯：《亂世書寫：張愛玲與淪陷時期上海文學及通

俗文化》，上海：上海三聯書店，2010 年。

11. 洪炎秋著：《洪炎秋自選集》，臺北：黎明文化事業有限公司，1975 年。

J

1. 〔英〕安東尼・吉登斯著，趙旭東、方文譯：《現代性與自我認同：現代晚期的自我與社會》，北京：生活・讀書・新知三聯書店，1998 年。

2. 紀果庵：《兩都集》，上海：太平出版公司，1944 年。

3. 姜德明編：《北京乎：現代作家筆下的北京》，北京：生活・讀書・新知三聯書店，1992 年。

4. 季劍青著：《北平的大學教育與文學生產：1928～1937》，北京：北京大學出版社，2011 年。

5. 金性堯著：《仲腳錄》，瀋陽：遼寧教育出版社，1995 年。

6. 經盛鴻著：《南京淪陷八年史》，北京：社會科學文獻出版社，2005 年。

K

1. 〔美〕馬泰・卡林內斯庫著，顧愛彬、李瑞華譯：《現代性的五副面孔》，北京：商務印書館，2003 年。

2. 〔美〕劉易斯・科塞著，郭方等譯：《理念人：一項社會學的考察》，北京：中央編譯出版社，2001 年。

3. 狂夢著：《童年彩色版》，北平：藝術與生活社，1942 年。

L

1. 來新夏著：《清人筆記隨錄》，北京：中華書局，2005 年。

2. 〔美〕李歐梵著，毛尖譯：《上海摩登——一種新都市文化在中國 1930～1945》，北京：北京大學出版社，2001 年。

3. 李廣田著：《畫廊集》，上海：商務印書館，1936 年。

4. 李廣田著：《銀狐集》，上海：文化生活出版社，1936 年。

5. 李士非等編：《李克異研究資料》，北京：知識產權出版社，2009 年。

6. 李素伯著：《小品文研究》，南京：江蘇教育出版社，1996 年。

7. 李文卿著：《共榮的想像：帝國・殖民地與大東亞文學圈：1937～1945》，臺北：稻鄉出版社，2010 年。

8. 李榛等編印：《燕園鐘聲：燕京大學（1937～1941）五班聯合紀念刊》，1993 年。

9. 梁遇春譯注：《小品文選》，上海：北新書局，1930 年。

10. 梁遇春譯注：《小品文續選》，上海：北新書局，1935 年。

11. 梁遇春譯注：《英國小品文選》，上海：開明書店，1929 年。

12. 林棲著：《蠹魚集》，北平：沙漠畫報社，1941 年。

13. 林榕著：《遠人集》，北平：新民印書館，1943 年。

14. 林榕著：《夜書》，北平：文章書房，1945 年。

15. 劉敬忠著：《華北日偽政權研究》，北京：人民出版社，2007 年。

16. 劉西渭著：《咀華集》，上海：文化生活出版社，1936 年。

17. 劉心皇著：《抗戰時期淪陷區文學史》，臺北：成文出版社有限公司，1980 年。

18. 劉葉秋著：《歷代筆記概述》，北京：北京出版社，2003 年。

19. 柳雨生著：《懷鄉記》，上海：太平書局，1944 年。

20. 蘆焚著：《看人集》，上海：開明書局，1939 年。

21. 蘆焚著：《上海手箚》，上海：文化生活出版社，1941 年。

22. 羅志田著：《權勢轉移：近代中國的思想、社會與學術》，武漢：湖北人民出版社，1999 年。

23. 呂若涵著：《「論語派」論》，上海：上海三聯書店，2002 年。

M

1. 〔德〕卡爾‧曼海姆著，徐彬譯：《卡爾‧曼海姆精粹》，南京：南京大學出版社，2002 年。

2. 梅娘著：《蟹》，北平：武德報社，1944 年。

3. 梅娘著：《魚》，北平：新民印書館，1944 年。

4. 〔日〕木山英雄著，趙京華譯：《北京苦住庵記：日中戰爭時代的周作人》，北京：生活‧讀書‧新知三聯書店，2008 年。

5. 〔日〕木山英雄著，趙京華編譯：《文學復古與文學革命——木山英雄中國現代文學思想論集》，北京：北京大學出版社，2004 年。

N

1. 南星著：《離失集》，上海：中國圖書雜誌公司，1940 年。

2. 南星著：《松堂集》，北平：新民印書館，1945 年。

3. 南星著：《甘雨胡同六號》，北京：海豚出版社，2010 年。

O

1. 歐明俊：《現代小品理論研究》，上海：上海三聯書店，2005 年。

P

1. 彭放主編：《中國淪陷區文學研究資料總匯》，哈爾濱：黑龍江人民出版社，2007 年。

Q

1. 秦佩珩著：《椰子集》，上海：南強書屋，1941 年。

2. 瞿兌之著：《人物風俗制度叢談甲集》，上海：太平書局，1945 年。

3. 瞿兌之著：《杶廬所聞錄》，瀋陽：遼寧教育出版社，1997 年。

4. 瞿兌之著，虞雲國、羅襲校訂：《銖庵文存》，瀋陽：遼寧教育出版社，2001 年。

R

1. 日本防衛廳戰史室編，天津市政協編譯組譯：《華北治安戰》，天津：天津人民出版社，1982 年。

2. 榮國章、孔憲東、趙晉著：《北京人民八年抗戰》，北京：中國書店，1999 年。

S

1. 山丁著：《豐年》，北平：新民印書館，1944 年。

2. 〔日〕山田敬三、呂元明主編：《中日戰爭與文學：中日現代文學的比較研究》，長春：東北師範大學出版社，1992 年。

3. 上海社會科學院文學研究所編：《上海「孤島」文學回憶錄》（上），北京：中國社會科學出版社，1984 年。

4. 上海社會科學院文學研究所編：《上海「孤島」文學回憶錄》（下），北平：中國社會科學出版社，1985 年。

5. 沈啓無編：《近代散文抄》，北平：人文書店，1932 年。

6. 沈啓無編：《大學國文》，瀋陽：遼寧人民出版社，2011 年。

7. 施蟄存編：《晚明二十家小品》，上海：上海書店，1984 年。

8. 史桂芳著：《「東亞聯盟論」研究》，北京：首都師範大學出版社，2001 年。

9. 〔美〕史書美著，何恬譯：《現代的誘惑：書寫半殖民地中國的現代主義（1917～1937）》，南京：江蘇人民出版社，2007 年。

10. 舒蕪著：《周作人的是非功過》，北京：人民文學出版社，1993 年。

11. 〔美〕約翰·司徒雷登著，程宗家譯：《在華五十年——司徒雷登回憶錄》，北京：北京出版社，1982 年。

12. 孫郁、黃喬生主編：《回望周作人：國難聲中》，開封：河南大學出版社，2004 年。

13. 孫郁、黃喬生主編：《回望周作人：是非之間》，開封：河南大學出版社，2004 年。

14. 孫郁、黃喬生主編:《回望周作人:研究述評》,開封:河南大學出版社,2004年。

15. 孫郁、黃喬生主編:《回望周作人:知堂先生》,開封:河南大學出版社,2004年。

16. 孫玉蓉編:《俞平伯研究資料》,天津:天津人民出版社,1986年。

17. 孫玉蓉編纂:《俞平伯年譜(1900～1990)》,天津:天津人民出版社,2001年。

T

1. 陶亢德編:《北平一顧》,上海:宇宙風社,1938年。

2. 陶明志編:《周作人論》,上海:北新書局,1934年。

W

1. 汪文頂著:《現代散文史論》,福州:福建教育出版社,1994年。

2. 王世家,止菴編:《魯迅著譯編年全集》,北京:人民出版社,2009年。

3. 王向遠著:《「筆部隊」和侵華戰爭:對日本侵華文學的研究與批判》,北京:北京師範大學出版社,1999年。

4. 王向遠著:《日本對中國的文化侵略——學者、文化人的侵華戰爭》,北京:崑崙出版社,2005年。

5. 王佐良著:《英國散文的流變》,北京:商務印書館,1994年。

6. 〔德〕馬克思·韋伯著,錢永祥等譯:《學術與政治》,桂林:廣西師範大學出版社,2010年。

7. 文載道著:《風土小記》,上海:太平書局,1944年。

8. 文載道著:《文抄》,北平:藝文社,1944年。

9. 文斐編:《我所知道的偽華北政權》,北京:中國文史出版社,2005年。

10. 吳承什同志誕生百週年紀念籌委會編:《吳承仕同志誕生百週年紀念文集》,北京:北京師範大學出版社,1981年。

11. 吳承學著:《晚明小品研究》,南京:江蘇古籍出版社,1998年。

12. 吳福輝編:《梁遇春散文全編》,杭州:浙江文藝出版社,1992年。

13. 吳乃禮著:《江南韻事》,北平:佩文齋,1938年。

14. 吳興華著:《吳興華詩文集》,上海:上海人民出版社,2005年。

X

1. 〔美〕E·希爾斯著,傅鏗、呂樂譯:《論傳統》,上海:上海人民出版社,1991年。

2. 夏曉虹、王風等著:《文學語言與文章體式——從晚清到「五四」》,合肥:

安徽教育出版社，2006 年。

3. 蕭艾著：《落葉集》，北平：中華圖書文具社，1941 年。

4. 謝嘉編：《日本侵略華北罪行檔案 10：文化侵略》，石家莊：河北人民出版社，2005 年。

5. 謝茂松、葉彤選編：《中國淪陷區文學大系‧散文卷》，南寧：廣西教育出版社，1998 年。

6. 謝溥謙著：《十九年集》，北平：藝術與生活社，1942 年。

7. 謝興堯著：《堪隱齋隨筆》，瀋陽：遼寧教育出版社，1995 年。

8. 謝忠厚著：《日本侵略華北罪行史稿——從「臨時政府」到「華北政務委員會」》，北京：社會科學文獻出版社，2005 年。

9. 許道明著：《京派文學的世界》，上海：復旦大學出版社，1994 年。

10. 許紀霖等著：《近代中國知識分子的公共交往（1895～1949）》，上海：上海人民出版社，2008 年。

11. 徐凌霄、徐一士著：《凌霄一士隨筆》，太原：山西古籍出版社，1997 年。

12. 徐豔著：《晚明小品文體研究》，南昌：江西教育出版社，2004 年。

13. 徐一士著：《一士類稿》，上海：古今出版社 1944 年。

14. 徐一士著：《一士談薈》，上海：太平書局，1945 年。

15. 徐道翔、黃萬華著：《中國抗戰時期淪陷區文學史》，福州：福建教育出版社，1995 年。

Y

1. 燕大文史資料編委會編：《燕大文史資料》第一輯，北京：北京大學出版社，1988 年。

2. 燕大文史資料編委會編：《燕大文史資料》第二輯，北京：北京大學出版社，1991 年。

3. 燕大文史資料編委會編：《燕大文史資料》第三輯，北京：北京大學出版社，1990 年。

4. 燕大學生自治會編印：《燕大三年》，1948 年。

5. 楊之華著：《文壇史料》，上海：中華日報社，1944 年。

6. 葉再生著：《中國現代近代出版通史》第 3 卷抗日戰爭時期，北京：華文出版社，2002 年。

7. 郁達夫編：《中國新文學大系‧散文二集》（影印本），上海：上海文藝出版社，1981 年。

8. 於力著：《人鬼雜居的北平市》，北京：群眾出版社，1984 年。

9. 〔美〕余英時著：《中國思想傳統的現代詮釋》，南京：江蘇人民出版社，

1995 年。

10. 俞元桂主編:《中國現代散文史》,濟南:山東文藝出版社,1997 年。

11. 俞元桂、姚春樹、王耀輝、汪文頂編:《中國現代文學總書目·散文卷》,北京:知識產權出版社,2010 年。

12. 余子道、曹振威、石源華、張雲著:《汪偽政權全史》,上海:上海人民出版社,2006 年。

13. 余子俠、宋恩榮著:《日本侵華教育全史》第 2 卷,北京:人民教育出版社,2005 年。

14. 袁犀著:《貝殼》,北平:新民印書館,1944 年。

Z

1. 張光正編:《張我軍全集》,臺北:人間出版社,2002 年。

2. 張菊香、張鐵榮編著:《周作人年譜(1885～1967)》,天津:天津人民出版社,1999 年。

3. 張菊香、張鐵榮編:《周作人研究資料》,天津:天津人民出版社,1986 年。

4. 張泉著:《淪陷時期北京文學八年》,北京:中國和平文學出版社,1994 年。

5. 張泉著:《抗戰時期的華北文學》,貴陽:貴州教育出版社,2005 年。

6. 張泉主編:《抗日戰爭時期淪陷區史料與研究》第 1 輯,南昌:百花洲文藝出版社,2007 年。

7. 張泉選編:《梅娘小說散文集》,北京:北京出版社,1997 年。

8. 張深切著:《張深切全集》,臺北:文經出版社,1998 年。

9. 張秀亞著:《張秀亞全集》,臺南:國家臺灣文學館,2005 年。

10. 趙園著:《北京:城與人》,北京:北京大學出版社,2002 年。

11. 鄭逸梅著,鄭汝德整理:《民國筆記概觀》,上海:上海書店,1991 年。

12. 鍾叔河編訂:《周作人散文全集》,桂林:廣西師範大學出版社,2009 年。

13. 中國人民政治協商會議北平市委員會文史資料研究委員會編:《日偽統治下的北平》,北京:北京出版社,1987 年。

14. 中國社會科學院文學研究所《左聯回憶錄》編輯組編:《左聯回憶錄》,北京:中國社會科學出版社,1982 年。

15. 中華日報社編纂室編:《大東亞文學者大會》,上海:中華日報社,1944 年。

16. 中央檔案館、中國第二歷史檔案館、吉林省社會科學院合編:《日本帝國主義侵華檔案資料選編　汪偽政權》,北京:中華書局,2004 年。

17. 中央電訊社編：《時事通信第四十四期　第三屆大東亞文學者會議特輯》，南京：中央電訊社，1944 年。

18. 周荷初著：《晚明小品與現代散文》，長沙：湖南人民出版社，2004 年。

19. 周黎庵著：《清明集》，上海：宇宙風社，1939 年。

20. 周黎庵編：《蠹魚篇》，上海：古今出版社，1943 年。

21. 周黎庵著：《葑門集》，上海：庸林書屋，1947 年。

22. 周作人編：《中國新文學大系·散文一集》（影印本），上海：上海文藝出版社，1980 年。

23. 周作人著：《秉燭談》，上海：北新書局，1940 年。

24. 周作人著：《藥堂語錄》，天津：庸報社，1941 年。

25. 周作人著：《藥味集》，北平：新民印書館，1942 年。

26. 周作人著：《藥堂雜文》，北平：新民印書館，1944 年。

27. 周作人著：《書房一角》，北平：藝文社，1944 年。

28. 周作人著：《秉燭後談》，北平：新民印書館，1944 年。

29. 周作人著：《苦口甘口》，上海：太平書局，1944 年。

30. 周作人著：《立春以前》，上海：太平書局，1945 年。

31. 〔日〕竹內好著，孫歌編，李冬木、趙京華、孫歌譯：《近代的超克》，北京：生活·讀書·新知三聯書店，2005 年。

32. 朱子家著：《汪政權的開場與收場》，香港：春秋出版社，1963 年。

33. Brook, Timothy. *Collaboration: Japanese Agents and Local Elites in Wartime China*. Cambridge: Harvard University Press, 2007.

34. Daruvala, Susan. *Zhou Zuoren and an Alternative Chinese Response to Modernity*. Cambridge: Harvard University Press, 2000.

35. Gunn, Edward. *Rewriting Chinese: Style and Innovation in Twentieth-Century Chinese Prose*. Stanford: Stanford University Press, 1991.

36. Strand, David. *Rickshaw Beijing: City People and Politics in the 1920s*. Berkeley: University of California Press, 1989.

37. Yeh, Wen-hsin, ed. *Wartime Shanghai*. London and New York: Routledge, 1998.

38. Zhang Xudong, *The politics of Aestheticization: Zhou Zuoren and the Crisis of Chinese New Culture（1927～1937）*. Unpublished Ph. D. dissertation, Duke University, 1995.

39. 方紀生編：「周作人先生のこと」，東京：大空社，1995 年。

40. 劉岸偉著：「東洋人の悲哀──周作人と日本」，東京：河出書房新社，1991 年。

41. 平野健一郎編：「日中戰爭期の中國における社會・文化變容」，東京：東洋文庫，2007 年。

42. 杉野要吉編著：「淪陷下北京 1937～45，交爭する中國文學と日本文學」，東京：三元社，2002 年。

43. 尾崎秀樹著：「近代文學の傷痕」，東京：岩波書店，1991 年。

44. 志智嘉九郎：「式人の漢奸」（非賣品），1988 年。

論 文

B

1. 〔英〕卜立德：《英國隨筆與中國現代散文》，《中國現代文學研究叢刊》1989 年第 3 期。

C

1. 曹鈴：《孤獨者的夜歌——論北平淪陷區校園散文的詩化傾向》，北京師範大學碩士學位論文，2008 年。

2. 陳萃芬口述，陳均採寫：《關於詩人朱英誕》，《新文學史料》2007 年第 4 期。

3. 陳均：《廢名圈、晚唐詩及現代性——從朱英誕談中國新詩中的「傳統與現代」》，《新詩評論》2007 年第 2 輯，北京大學出版社，2007 年。

4. 陳均：《朱英誕瑣記——從〈梅花依舊〉說起》，《新文學史料》2007 年第 4 期。

5. 陳嘯：《京派散文：走向塔尖》，河南大學博士學位論文，2008 年。

6. 陳芝國：《抗戰時期北京詩人研究》，首都師範大學博士學位論文，2008 年。

F

1. 范衛東：《論抗戰時期中國散文創作中的自由精神（1937～1945）》，南京師範大學博士學位論文，2007 年。

2. 馮昊：《民族意識與淪陷區文學》，山東大學博士學位論文，2007 年。

G

1. 萬飛：《周作人與清儒筆記》，北京大學碩士學位論文，2003 年。

2. 關峰：《周作人文學思想研究》，甘肅大學博士學位論文，2006 年。

H

1. 何亦聰：《矛盾・觀念・文體——三十年代周作人之研究》，蘇州大學碩士學位論文，2010 年。

2. 黃開發：《沈啓無——人和事》，《魯迅研究月刊》2006 年第 3 期。

3. 黃開發整理:《沈啓無自述》,《新文學史料》2006 年第 1 期。

4. 黃開發:《關於〈沈啓無自述〉》,《新文學史料》2006 年第 1 期。

5. 洪焌燊:《中國現代散文話語的建構》,北京大學博士學位論文,2003 年。

L

1. 李雅娟:《淪陷時期的文章與思想——〈古今〉、〈藝文雜誌〉與周作人》,北京大學碩士學位論文,2007 年。

2. 劉淑珍:《周作人抗戰時期散文的敘事研究》,華東師範大學碩士學位論文,2008 年。

M

1. 馬俊江:《二十世紀三十年代北平小報與故都革命文藝青年——以〈覺今日報‧文藝地帶〉爲線索的歷史考察》,北京大學博士學位論文,2009 年。

P

1. 潘秋君:《禁錮與自由——〈文藝時代〉(1946)雜誌研究》,河南大學碩士學位論文,2011 年。

T

1. 涂曉華:《〈女聲〉雜誌研究:上海淪陷時期婦女雜誌個案考察》,北京大學博士學位論文,2005 年。

W

1. 王美春:《從「先驅」到「附逆」——周作人「附逆」之思想、文化心態研究》,山東大學博士學位論文,2008 年。

2. 王鵬飛:《「孤島」時期文學期刊研究》,華東師範大學博士學位論文,2006 年。

3. 王申:《淪陷時期旅平臺籍文化人的文化活動與身份表述——以張深切、張我軍、洪炎秋、鍾理和爲考察中心》,北京大學博士學位論文,2010 年。

4. 王聖思:《情繫甘雨胡同六號》,《收穫》2009 年第 2 期。

X

1. 蕭進:《〈古今〉研究》,華東師範大學碩士學位論文,2008 年。

2. 謝興堯:《回憶〈逸經〉與〈逸文〉》,《讀書》1996 年第 3 期。

3. 徐從輝:《關於沈啓無的三篇佚文——兼論「破門事件」》,《魯迅研究月刊》2011 年第 10 期。

Y

1. 嚴輝：《周作人晚期散文研究（1949～1967）》，華中師範大學博士學位論文，2009 年。

2. 袁一丹：《知堂表彰禹稷臆說》，《中國現代文學研究叢刊》2010 年第 1 期。

Z

1. 曾業英：《略論日偽新民會》，《近代史研究》1992 年第 1 期。

2. 張童：《華北淪陷區小說作家言說研究——以北京爲中心》，杭州師範大學碩士學位論文，2011 年。

3. 張同樂：《華北偽政權研究》，南開大學博士學位論文，2004 年。

4. 張松建：《「新傳統的奠基石」——吳興華、新詩、另類現代性》，《新詩評論》2007 年第 1 輯，北京大學出版社 2007 年。

5. 張旭東著，謝俊譯：《散文與社會個體性的創造——論周作人 30 年代小品文寫作的審美政治》，《中國現代文學研究叢刊》2009 年第 1 期。

6. 朱英誕著，陳均校訂：《梅花依舊——一個「大時代的小人物的自傳」》，《新文學史料》2007 年第 4 期。

7. 朱英誕：《紀念馮文炳先生（外一篇）——西倉清談小記》，《新文學史料》2012 年第 2 期。

附錄：周作人 1943 年在南方的演講

　　1943 年 2 月華北僞政權改組後，周作人失去僞華北政務委員會委員及教育總署督辦的要職，但在 4 月，周氏就被南京的僞國民政府追認爲僞華北政務委員會委員，並受汪精衛邀請赴南京就僞國府委員職。除了接受僞職，周氏此次南行的另一重要任務就是講學。南行期間，周作人共有五次演講：4 月 8 日下午僞中央大學演講《學問之用》，4 月 11 日下午江蘇教育學院演講《智識的活用》，4 月 13 日上午僞中央大學演講《人的文學之根源》，4 月 14 日下午南京模範女子中學演講《女子教育與一般中學教育》，南方大學演講《整個的中國文學》。其中《人的文學之根源》因刊載於是年 7 月的《藝文雜誌》早已爲人所知〔註1〕，《學問之用》直至近日才由故紙堆中檢出〔註2〕，其餘三次講演則湮沒不聞〔註3〕。事實上周作人的這次南行，所到之處都受到隆重歡迎，寧滬等地的報紙也給以持續報導，周氏的幾次演講，除了僞中央大學的兩次演講全文刊載於《中大周刊》〔註4〕，其餘三次演講也都有報紙予以揭載。

〔註 1〕 登載於《藝文雜誌》第 1 卷第 1 期，1943 年 7 月，題目改爲《中國文學上的兩種思想》。

〔註 2〕 參見劉濤《周作人 1943 年在南京僞中央大學的一次講演》，《魯迅研究月刊》2011 年第 8 期。

〔註 3〕 劉濤先生在天津《每月科學畫報》1943 年第 3 卷第 6 期中發現了周作人在僞模範女子中學演講的節錄，實際約占原文三分之一。參見劉濤《一條啓事、一則報導與一次講演——新發現有關周作人的三則史料》，《湖南人文科技學院學報》2011 年第 1 期。但據此節錄認爲周氏此次演講題目是《中學教育的目標》，顯然有誤。

〔註 4〕 1943 年 4 月 8 日僞中央大學演講《學問之用》，載《中大周刊》第 94、95 期合刊，1943 年 4 月 17 日；4 月 13 日，僞中央大學演講，《人的文學之根源》，《中大周刊》第 97 期，1943 年 5 月 3 日。刊載於同年 7 月《藝文雜誌》第 1 卷第 1 期，改題《中國文學上的兩種思想》。

1943 年 4 月 13 日的《中華日報》在第 1 版刊登《智識的活用——周作人在蘇州的演講詞》。《中報》於 1943 年 4 月 17、18 日，在第 3 版登載《整個的中國文學——周作人在南方大學演講》；1943 年 4 月 19 日、20 日，在第 2 版刊登《女子教育和一般中學教育的意見——四月十四日周作人在模範女中講演》。《平報》也於 4 月 20 日和 21 日分兩次刊載了《女子教育和一般中學教育的意見》，內容與《中報》相同。三次演講全文如下：

《智識的活用——周作人在蘇州的演講詞》

諸位：本人此番南來，因欲拜謁章太炎先生之墓，且慕蘇地景物幽美，故特由京來蘇一遊。昨蒙教育學院汪院長之邀，來此作學術演講，惟本人平時實不善此道，此番情不可卻，僅與諸位作二小時之談話而已。值此時局動盪不定之際，一方面人民固遭遇極大之困難，然亦未始非人民加倍為國效力之時。中國現正屆極危險之關頭，凡我人民亟宜加倍勞苦，負擔一個半人之責任，以期挽此危機，渡此難關。此言想各位均早深切瞭解，無庸本人再行贅述也。諸位所學之科目為教育，養成中國下一代優良國民之責任，即在今日研究教育之諸位，深望諸君切勿推卸此重大責任。

自民國六年至民國二十六年間，社會上之輿論均謂目前之大學畢業生毫無辦事能力，即一般中學生之程度，亦日益低落，不獨北方輿論如此，即南方亦然。此問題表面上觀之，似甚重大，實則此即學生不能將學校匯總所授之學識作實際上之應用而已。只須學生能活用其所有之學識，則此嚴重之教育問題即已接近矣。

健全之國民，必須具有豐富之常識，然學生雖能將教授所授之學識，盡行牢記心頭，若不能予以應用，則仍不能算是具有豐富之常識。例如中學生之學習數學，並非僅為學生將來升學時入數學系或理科之準備，其最大之目的，則為訓練學生腦力之運用，使學生能解決任何疑難問題，將來社會上困難之問題甚多，此項問題，雖與數學問題不同，然其解決困難之步驟，則完全相同也。普通之學生，對於數學多無興趣，在本人心目中，此實一極大之損失耳。又一般人心目中之文法，以為僅係學習外國語時所用，殊不知學習文法之另一用意，厥在訓練學生，使其一有系統有條理之腦，蓋外國語之應用僅限於都市，照受有訓練之腦力，則隨時隨地均可應用也。至於博物方面，如生物學，植物學，地質等等，更與吾等之人生觀有密切之關係，人生觀雖

似塔尖，人各不同，照其建築之基礎，則同爲博物耳。

　　或有自西洋留學歸者，忽與人暢談狐狸作祟之故事，彼固於生物學頗有研究，然竟出此荒謬之談吐，豈非咄咄怪事。又有自西洋歸自留學生，終日作煉丹辟穀之術，凡略知生理學者，即均識其荒謬，照此留學生仍一意孤行，不稍中輟，此即新舊學識未經清算，不能統一之故也。

　　國文與歷史，亦同樣如此，文字之相通意見，此爲人類獨能之活用，故對國文無相當之修養，則斷難立身於社會。歷史則能使人得知過去國家民族榮辱興亡之概況，故亦斷乎不可稍予忽略也。

　　諸君均爲將來之教育家，下一代之中國國民均將由諸君訓練養育，諸君之努力，可以挽回中國過去之失敗。

　　今日來此，由於時間所限，致未能與諸君長談，深以爲歉，茲謹以此淺薄而誠懇之意見，貢獻於諸君。

《女子教育和一般中學教育的意見——四月十四日周作人在模範　　女中講演》

　　鄙人本來，是個武人，在本國學的是軍事，後來到日本也是學的軍事，回國後在北京大學教了幾年書，不知怎的卻轉到教中國文學了。可是鄙人對於教育實在是個門外漢，在去年這幾天，鄙人曾隨主席來京一次，當時萬校長就要我到貴校講演，當時因時間匆促，在京只逗留三天，所以對於這門功課，好像未曾考了。今天萬校長要鄙人到貴校來演講，那正是要鄙人對於這門功課重行補考一下。

　　今天鄙人的講題是：「女子教育和一般中學教育的意見」，鄙人以爲要討論女子教育，就不得不牽涉婦女問題，要論及婦女又不能不和經濟有關，而經濟問題，是女子和男子都該負荷的。因此鄙人以爲要談婦女問題，還該和男子並提，鄙人以爲青年男女的教育問題，應注意兩點，就是：一，男子方面要有深切的反省。二，女子方面還須有極大的努力。先講男子方面，青年人對於自己的人生，國家，世界的現狀，應加以考慮，求他的合理，因此該用一種反省工夫，這反省工夫就是所謂自肅。因爲我們要知道自民國成立到現在，已三十二年，所謂革命，僅僅在國家的體制上改革，對於其他社會和家庭等問題，都可以說沒有什麼進步，雖常有西洋新學識的灌輸，可是翻來覆去，總覺得不切實用，所以無甚意味。至於女子方面，那麼所謂自由獨立，

結果在家庭的經濟上，又往往依賴於男子，所以這樣的自由獨立，既是人所給予的，那麼於女子本身，一無保障，有何利益呢。因此女子今後應力謀真正的自立，去做女權的後盾，那就非得自己努力了。

其次再講女子教育的方針，鄙人覺得女子教育和男子教育一樣，就是要對於知識，能力，道德，要有一種適當的培植。我們知道民國以來，中國女子有一部份是受了西洋思想的感染，所以行動就趨於極端的西洋化，還有一部分的女子，給舊思想佔據著，一切舉動，還不脫封建社會的羈連，這兩種鄙人都不敢贊同，鄙人所主張的卻是要用中庸之道，這中庸與騎牆派不同，騎牆派是專講利益的，中庸卻不專講利益，要合情理的。鄙人把跨步做個比喻，我們要前進，那麼就要左腳跨一步，然後右腳跨一步，這左右腳向前的尺度是平均的，這就是所謂中庸。鄙人以為現在的女子，對於國家社會，擔負的責任，應該和男子一樣，雖然女子所受的教育，在科目上有烹飪，縫紉，家政等科目，和男子不同，可是女子教育，如果專注重家政，而對於國家社會，漠不關心，這也是錯誤的。至於男子教育，對於日常的生活技能，也不可缺少，如果一個男子，飯不能煮，衣不能洗，衣破了自己不能縫，甚至有的人，他要掛一副對，自己的釘都不能敲一隻，這也太不便了，所以鄙人以為對於家政等日常技能，不但女子要學，男子也應注意的。綜上所說，就是女子教育，該把家庭生活為本位，而對於社會國家的責任，也該同時注重，這就是女子教育所當盡極大努力。至於男子教育，除於必修課程外，對於日常生活上的技能，鄙人以為也不可缺少。所以像上面所講男子的缺點，是對於男子教育所該深切反省的。

其次鄙人對於一般的中學科程（概括男女），有一些見解。鄙人對於中學科程，像對於課目的支配，教科書的編撰，教授法的方針，和學制的年限，鄙人都覺得以前的還可以適合，可是在中學六年中，最該注意的，就是在應用方面，也就是要注意在日常生活方面。

至於中學生脩學的目標，大概不外二種，其實也可說分三種，可是其間的第三種我覺得是可笑的，就是中學生為考試而脩學，這是極不正當的。因為為了考試而脩學，當然是一種急就章，等到考試完畢，就忘掉了，這是很可笑的，所以不列入。這一二兩種是什麼呢！一，為了升學而脩學：鄙人看大多數的中學生，他們畢業後，是希望升大學的，所以他們所學的，只希望做升學的準備，就把日常應用的需要忽略了，這也是不完備的。二，功課本

身的效能：對於這一層，多數中學生，往往不能注意及此，可是最重要的一件事，例如我學算學，不專在數字，方式，和形體的計算上，得到些技能就算罷了，最重要的目的，就再鍛鍊思想。因為在演算時，要運用著合理的步驟，精密的思考，這種步驟和思考，就是訓練我們腦子的好方法，等到我們把思考訓練號了，將來可以運用到任何事業上，甚至解決國家社會的大事。我們要知道世界上的事，是不能一律的，除非法官對於法律有成案可依據外，其他的那一件不要自己想方法去解決，又如文法，外表好像學些字法句法，可是我們要知道在增一字或減一字的之間，意義就大不相同。這其間的斟酌，可以說煞費苦心的，所以這也是一種訓練思想的工具。

又像學生學習生物學，外表雖係學習動植物的生活狀態，而實質上可以做我們人生觀的參考，可以使我們的人生觀，格外的深切明瞭，這就是我們要做二十世紀的人的人生觀之基礎。俗語說：人為萬物之靈，這句話，似是而非，因為不能知道我們人生究係怎樣，所以是不合理。鄙人以為人生觀的認識，是將來做人的根本，至於國史國文的重要，更為中學生必當注意的，因研究國史，可知中國過去和將來的演變。可是鄙人近幾年來發現近來投考大學的中學畢業生，對於國史的常識，實在太差了。中國人而不知中國史事，實在是一大缺點。國文之重要，尤其是中學生應該切實研究的，最低條件，就是要中國人能說中國話，可是中國人能在中國語法上少差誤的，實在很少，這是一點。在中國境內，語言，文化，文字都應該統一。對於語言文化，那麼自五四以來，像新文化運動，像國語普及運動，這些已有相當的進展，至於要說改革文字，甚至有人主張把羅馬文字代本國文字，這點鄙人不敢贊同，因為文字不但是思想的符號，而最重的，是要團結民族的感情，一國的特有文字，可以使國民對於本國民族，發生一種特殊的愛重心理，所以本國的文字，是應該保存的，況且鄙人覺得在小學六年，和中學六年中，對於國文根基，也可以學好了。

綜上所說，我們可以知道，中學課程的修習，都有他本身作用的，況且中學生的所學，雖都是普通知識，可是對於我們的實際生活，都可以有很多的幫助。例如俗語常常傳說的狐仙，我們對於狐仙的有無，固可不知，可是受了中學教育的，能知道狐狸是屬於動物的脊椎動物門，它的生理和生活情形，已大概的知道了，那對於這種傳說的神話，就可以加以判斷了。所以鄙人以為中學教育的效果，就在這點。總之，中學教育，鄙人以為不可偏重死

的書本，和呆的知識，最重要的就是要能合實用，和社會的日常生活，要有密切的關係，所謂學以致用，這是中等教育的最大目標。

今天我所講的，並不是講空泛的學問。是把我所感到的，實在的經驗，供獻給諸位，這正像鄙人上次未曾考了的功課，再做個補考的工作罷了。

《整個的中國文學——周作人在南方大學演講》

周作人先生，於本月十四日應南方大學之請，在該校講學，題目為：「整個的中國文學」。是日南大校長江亢虎博士，親到主持，到聽眾凡五六百人，頗極一時之盛，茲覓錄是日記錄稿於次：

諸位：最近到南京來，承江先生約請到校演講，實在覺得不敢當，本人早先本不是研究文學教育的，這次由蘇州回南京時，路過挹江門，還看到以前的母校——海軍學校。我是辛丑年進的這學校，在校六年，在學歷上講，我實在是武人。從辛亥回國後，才在教育界服務，不過江先生的約請，不能固辭，今天特來與諸位談談。談話總得有個題目，今天的題目便定為：「整個的中國文學。」現在大家全有一種憂慮，恐怖，便是中國的前途究竟怎樣？從清末以來，我們便憂慮中國怕要不能存在，要有瓜分，甚至滅種的危險，直到現在，還是如此。今天要說的卻是樂觀一方面的話。在國民立場上，這種憂慮本是不能或忘的，可是往遠處講，中國前途未始不可樂觀。原來中國文學以至於中國文化，本來是整個的。有這一條有力的連鎖，分裂的危機，自然可以免去。國家民族的保存與統一，實在很有希望。這話並非空想，確有許多根據。

我們可以拿中國文學代表整個中國文化來講。文學有兩方面，一是內容，一是形式，先講內容方面，從古至今，中國有一個與水源樹根相似，一條線下來的思想，雖間有變化，本質卻從無更異。所以中國思想，原是整個統一的。這就是中國的中心思想，也是中國的固有思想，近來對於中心思想問題，討論的人很多，有的以為中國現在沒有了中心思想，便想去找一個或者做一個。其實中心思想，找或者做，乃是不可能的。我以為中國本來有中心思想，便是儒家思想。這話如不加以說明，易於引起誤解。所說儒家思想，並非全指經傳理論而言，否則讀書階級受過薰陶教訓，自無問題，至於不讀書的人，未受過薰陶教訓，便沒有這種思想，那麼就不能說是中心思想，固有思想了。我們舉例說：基督教思想的勢力很大，可是必得是教徒受過訓練，才能知道。

不然，便不知道。中國儒家思想，苟亦如此，我們所說的，便不大妥當。儒家學說本來很深，非平常人所可理解，宋以後的理學，更爲精深，即讀書人，亦不易瞭解。要說中國老百姓，全明白，自然更不可能。但是儒家精神，在鴻濛以前便有，如孔孟推崇堯舜禹稷。如孟子所講禹治洪水，稷教稼穡，全是爲人民服務，不惜犧牲個人。禹視人溺猶己溺之，稷視人饑猶己饑之，此聖人用心，即仁心也。自己要存在，便要使他人也存在；人能存在，己才能存在。這便是仁的本意。這思想，中國老百姓全能明白，而且多能奉行。所以有人說中國人是實際主義，並不如佛教之想長生不老，只要能生活下去便好，要自己生存，便得家族生存，由家族生存，而至鄉人生存，由鄉人生存，而至國人生存，由國人生存，乃至天下人生存。如此；即是現在所說的共存共榮主義，這便是中國的中心思想，也就是仁義之道。如求其高深，可以研究不盡。著幾十本書講述不完。至其淺近，則老百姓全可以用爲日常生活相處之道。中國人一樣是爲了自己要生存，可是不是你死我活的求生存，而是要大家共同生存。高興處，可以成爲最精深的學理，平淡處，就是目不識丁的人也可應用。中國不識字的人有多少，可是在鄉村裏全有互助的精神，而不是你殺我我害你，這豈不就是孔孟之道。這中心思想，確是十分實在。以進化論來講，生存意志乃是人類本能，禽獸也有此種本能，只他們大都是你死我活的求生存，這便是人之所以異於禽獸者幾希。人有要求生存的本能，卻更有維持生存的道德，所以才能共存，才能進化。否則，人群便不能長久。人在生存欲以外，還有別種欲望。如佛家感覺人生苦痛，而求永久生命。羅馬人希望成立羅馬帝國，支配全世界，而成帝國主義之矯矢。中國人卻極平淡無奇，只講中庸作人之道。所以中國人的中心思想，只是互助共存，不過近來因社會上生活困難，有此人生觀道德思想而不能實行的確是太多了。但是如果說這種中心思想，共存共榮的道德，竟已消滅了，卻並無其事。

在中國文學中，憂國憂民的文章很多，如屈原的離騷，以及杜甫的作品，內容皆表現憂國憂民的思想，其實這乃是他們爲了自己要求生存，而知道在人民痛苦時，自己生存危險，爲要自己生存因而想減少人民痛苦，以求共存。今日不能舉多少例來詳細解說。總之，在現在亂世情形下，這種中心思想雖然不易充分發揮，可是這種中心思想卻是整個統一，自古至今，從無間斷的，要想消滅他，是根本不可能。

其次說到形式方面：在中國文學形式上，雖有古文白說（話）等等的區

別，可是中國文學，使用漢字，卻是一致的。不論體裁如何，自古至今，以至東西南北四方，全用漢字。漢字自有其特別獨到之點，漢字所及之處，無不受其文化之影響，如安南朝鮮等地，從前借用漢字，便受到儒家思想影響很大。中國的漢字文化有如此力量，中國前途自然可以樂觀。漢字中的形聲字，雖與外國文字相差不多，他卻還有象形指事會意等體，是世界各國文字所無的，外國文字所謂形聲，亦屬拼音之用，並不代表其意義。中國文字卻不然，如犬字就是畫一條狗。漢字還可以有許多運用之處，如作律詩駢文，外國文字是不可能的。漢字的形式，雖歷有變遷，大體卻還相似。現在楷書與小篆相差很多，但是由楷書而隸書而小篆，而大篆，以至鍾鼎甲骨，全有線索可尋。至於外國文字，如現代英國文字，大家知道才有五百年的歷史，在十四世紀以前，與現在便迥不相同。中國漢字的變化，絕沒有如此厲害。其根本性質，從未變動。在民初雖然鬧過文言白話的問題，那不過是一時的現象。當時不過以為用語體更能達意。其實歷來學者多寫小說，有許多意思，用俗語寫來比較更困難。我以為文學用在抒情達意，不管文言白話，但能用來抒情達意就好。現在有人以目前文學文白摻雜為病，其實這乃是必然的進展階段，再說古文白話體裁的差別，還沒有駢文古文的差別重大。文學在體裁字句上面，雖然有些區別，其形式用漢字與內容一貫的中國精神，看來看去卻是古今四方，全都一致的。因為有這樣的一條有力鎖鏈聯繫著，所以就是在五代時，遼金元清時，政治上有如何的變化，在文化上卻始終是整個不變，沒有被打破過。中國有此整個的文學，整個的文化，這樣可靠的聯繫，國家民族的前途，實在可以放些心。自國民的立場上，憂慮是應當的，但是由此總可以希望其危機不致如何嚴重。在別的方面，恐怕還可以找到有力的證明，這不過本人就過去經驗讀書所得的一些感想而已。

總之，我覺得在中國文學上表現出來，由古至今，是一個整個的，推而至於文化也是一個整個的，民族也是一個整個的。因為時間關係，不及提出許多材料來討論，僅只說出一個結論的綱領，只希望能對於大家的憂慮，能夠有一點安慰。

可以看出，周作人在南方的五次演講中，偽中央大學的兩次演講可算提綱挈領：《學問之用》談教育，似乎呼應曾經的教育督辦身份，所談則是 20 年代就開始提倡的常識 及其活用；《中國文學的根源》本是回歸文人角色後的本色當行，主題卻是事偽後反覆論說的泛文化的中國文學論。其餘三次演

講中，《智識的活用》、《女子教育與一般中學教育》可與《學問之用》歸爲
一類。《智識的活用》較爲簡略，演講思路及大意乃至所舉事例都與《學問
之用》相近。更值得注意的是《女子教育與一般中學教育》。這篇演講前半
部分針對女中學生談婦女教育，早在 1920 年代寫作的《婦女運動與常識》
與《論做雞蛋糕》中，周氏對這個話題就有詳盡的闡發，強調「健康的人生
的常識」，以及獲得常識後還需活用，更以啓蒙姿態爲女性及一般青年構建
了一套常識的現代譜系。相較而言，1943 年的演講更趨於實際，在被理想化
的常識之外，先提出女權需以經濟獨立爲後盾，之後又以「中庸」要求女性。
對經濟這般務實的強調，在周氏眾多談婦女問題的文字中實屬罕見，或許暗
中呼應了北平淪陷後「苦住」的心態。而「中庸」的婦女觀，則契合了淪陷
時期周作人以重新闡發的儒家教義談婦女問題的特點。1940 年，周氏曾爲北
京的婦女雜誌《新光》連續撰稿 11 篇，其中《讀列女傳》、《觀世音與周姥》、
《女學一席話》、《蔡文姬悲憤詩》、《女人軼事》與《流寇與女禍》都專談女
性問題，貫穿其中的就是事僞後從儒家教義中重新發現的「忠恕」精神。演
講後半部分落實到一般的中學教育，意見不離《學問之用》的範疇。值得注
意的是，《學問之用》雖對大學生發言，實際所談重點卻是中學教育。對中
學教育的反覆強調，應是緣於周作人眼中的常識不過是中學即可獲得的平凡
知識，「所謂常識乃只是根據現代科學證明的普通知識，在初中的幾種學科
裏原已略備，只須稍稍活用就是了。」〔註5〕但在「落水」後的周作人那裡，
強調常識也是自辯的一種隱晦策略，在 1940 年 1 月發表的《讀〈初潭集〉》
中，周作人努力爲李贄尋找「儒家」之根據，將李贄的受迫害歸因於有常識
者不容於世。同年發表的《漢文學的傳統》末尾引芥川龍之介語，「危險思
想者，欲將常識施諸實行之思想是也」〔註6〕，看似離題閒筆，未嘗不是一
種自辯：周氏的「苦住」乃至「落水」，在常人眼中是異端，實際只是「將
常識施諸實行」而已。

　　《整個的中國文學》與《人的文學之根源》一樣，屬於周作人事僞後
著力書寫的「關於中國文學和思想的文章」〔註7〕。從 1940 年 1 月發表的

〔註 5〕　《常識》，周作人著，止菴校訂：《苦竹雜記》，河北教育出版社 2002 年出版，
　　　　　第 200 頁。
〔註 6〕　知堂：《漢文學的傳統》，《中國文藝》第 2 卷第 3 期，1940 年 5 月 1 日。
〔註 7〕　《反動老作家一》，周作人著，止菴校訂：《知堂回想錄》，河北教育出版社 2002
　　　　　年出版，第 652 頁。

《禹跡寺》開始，周作人在《釋子與儒生》、《漢文學的傳統》、《道德漫談》、《湯島聖堂參拜之感想》等文章中，反覆談論他所理解的原始儒家。1941年以後，更以教育督辦身份發表講話《中國的國民思想》〔註8〕、《樹立中心思想》〔註9〕、《中國的思想問題》〔註10〕，進一步將中國的國民思想簡單歸納為以「仁」為核心的儒家思想。在這個過程中，中國文學常被簡化為進入「思想」話題的引子，或是驗證觀點的論據。《整個的中國文學》看似文學論，實際仍是借文學談思想，乃至談文化，除了儒家思想的老生常談，更強調思想、文化乃至民族的整體性。在 1943 年南行的其他公開場合，周作人也多次談論「思想問題」，如在汪偽宣傳部與中日文化協會舉辦的座談會上說：「我國思想，不論古今，不論南北，都是整個的，因時代的關係，形式雖有不同，但內容方向仍是一致的。」「中國思想界的毛病，只在混亂，加以整理即可，內容方面，是不必變更的。」〔註11〕4 月 13 日接受《中華日報》記者採訪時，周作人也提及「要發揚東亞文化，必須要整頓以往的文化，並發揚我東亞固有的文化精神。」〔註12〕但反覆強調思想問題，除了配合淪陷區偽政權的思想文化策略，也是周作人扮演「思想家」的一種手段。

最後不妨考究一下周作人演講的幾所學校。除了華中淪陷區最重要的高等學府偽中央大學，原南方大學於 1922 年由江亢虎在上海創辦，1924 年在北京設立分校。1925 年，由於寫給溥儀的信被揭發，江氏聲譽大損，在南方大學師生的驅逐下被迫辭去校長職務。汪偽政府成立後，江亢虎出任偽考試院院長。1941 年，南方大學在南京「復校」，「為首都唯一私立大學」〔註13〕，仍由江出任校長。校董中除了江亢虎，還有梅思平、丁默邨等汪偽政權要人。學校最初只有文學院與國學專修科，1942 年增設法學院與會計專修科。1943

〔註8〕 1941 年 7 月 17 日中等學校教員暑假講習班講演，《教育時報》第 2 期，1941年 9 月 1 日。

〔註9〕 1942 年 7 月 13 日第四屆中等學校教員暑期講習班講話，《教育時報》第 8 期，1942 年 9 月 1 日。

〔註10〕 1942 年 5 月中央大學演講，《中大周刊》56 期，1942 年 5 月 25 日。

〔註11〕 魏鑄白：《首都文化座談會追記》，《中華日報》1943 年 4 月 12 日，第 3 版。

〔註12〕 《發揚東亞固有文化精神——周作人暢談一般文化問題》，《中華日報》1943年 4 月 14 日，第 3 版。

〔註13〕 《江校長序言》，(偽) 南方大學學生級友會編印：《南方大學同學錄》第 1 頁，1942 年 1 月。偽中國公學 1942 年 8 月在南京「復校」後，偽南方大學也就不復「唯一私立大學」地位，但仍是南京較重要的高等學府。

年增設附屬男女中學部與小學部。教員中較知名者有首任文學院長王西神，即《小說月報》首任主編王蘊章〔註 14〕。僞南方大學是當時南京僞中央大學之外最重要的高等學府〔註 15〕。模範女中即國立模範女子中學，創建於 1939 年 9 月，分初高中兩部，有詳盡的組織機構與校務規章，是一所頗具規模的女子中學〔註 16〕。模範學校是南京淪陷時期一種特殊的奴化教育機制，由僞教育行政機構重點籌資設立並嚴加控制，是兼具實驗性與示範性的重點學校，比一般學校更受僞政府重視。1939 年初創時僅限於模範小學，後來推廣至中學。江蘇教育學院即江蘇省立教育學院，1941 年 11 月由原江蘇省文理專科學校擴充而成，除本科教育學系，仍設文史地、數理化二專修科，前者「爲造就高等師範諸校之優良師資及教育行政人員暨推行社教人員之幹部人才」，後者「則以造就初級中學之優秀師資爲目的」〔註 17〕，是華中淪陷區最重要的高等師範學校。汪僞統治區最重要 的高等學府僞中央大學之外，這三所學校可謂高等教育、中學教育與師範教育的代表性學校。安排周作人在這些學校連續講演，汪僞當局對其重視可見一斑。

　　儘管言談遠不及文筆灑脫〔註 18〕，但在初登新文學舞臺時，周作人曾借演講表達過不少重要意見〔註 19〕，但從 1920 年代中期開始，周作人的講演數

〔註14〕 參見《江校長序》、《校史》，（僞）南方大學國學專修科編印：《南方大學復校國學專修科首屆畢業紀念刊》，1944 年。

〔註15〕 參見經盛鴻著：《南京淪陷八年史》下冊，社會科學文獻出版社 2005 年，第842 頁。

〔註16〕 參見國立女子模範中學編印：《國立模範女子中學概況》，1941 年。

〔註17〕 （僞）江蘇省政府教育廳編審室編印：《兩年來之江蘇教育》，1944 年，第 36頁。

〔註18〕 冰心回憶周作人 1923 年在燕京大學講課時「很木訥，不像他的文章那麼灑脫」。參見陳子善《編者前言》，陳子善編《閒話周作人》，浙江文藝出版社 1996年出版，第 3 頁。梁實秋形容周作人 1923 年在清華的講演，也說「他坐在講壇之上，低頭伏案照著稿子宣讀，而聲音細小，坐第一排的人也聽不清楚。」結論是「語聲過低，鄉音太重，聽眾不易瞭解，講演不算成功」。參見梁實秋《憶豈明老人》、《憶周作人先生》，《梁實秋文集》第 3 卷，鷺江出版社 2002年出版，第 438、447 頁。

〔註19〕 收入《周作人散文全集》的就有 1918 年 4 月 19 日在北京大學文科研究所小說研究會的演講《日本近三十年小說之發達》，1919 年 11 月 8 日在天津學術講演會演講《新村的精神》，1920 年 1 月 6 日在北平少年學會講演《新文學的要求》，1920 年 6 月 19 日應社會實進會邀請在青年會作講演《新村的理想與實際》，1920 年 10 月 26 日在孔德學校講演《兒童的文學》，1920 年 11 月在北京師範學校及協和醫學校講演《文學上的俄國與中國》，1920 年 11 月 30

量明顯減少，這或許與他承認失去了文學這片「自己的園地」不無關係。此前周氏演講的話題雖廣，但主題仍是文學，演講者的身份也是新文學運動的領軍人物，著名的文學家。而既然已經宣佈卸下文學家招牌，與文學相關的演講自然也就相應減少。不過，周作人並未完全放棄演講這一向公眾發表意見的言說策略。1932 年 2 月到 4 月，周作人在輔仁大學連做 8 次演講，並很快以《中國新文學的源流》爲題結集出版。借由對新文學的溯本清源，周作人將新文學與傳統接續，爲新文學在「中國的土裏」尋到「他的根」，含蓄地抵抗了革命文學這種由域外生硬植入的異物。又借「載道」、「言志」的二分法，將革命文學納入此消彼長的歷史循環中，巧妙地化「新」爲「舊」。同時也爲自己找到了「載道」與「言志」之外的言說方式，很快就以獨特的讀書筆記式的說理文，開始了現代散文寫作的新探索。北平淪陷後，由「苦住」到落水，周作人多次以官方身份發表講演或公開講話，其中不乏附和僞政權與日本軍方的言辭〔註20〕，成爲他一生難以抹淨的污點。而在 1943 年的南方，卸去教育督辦的頭銜，面對相對單純的學生，周作人的演講似乎回歸了熟悉的文學與思想領域，但結合具體語境與言說者的心境，老話題也難免「變質」，如何延續自身個性化的言說，同時爲自己作不辯解的辯解，恐怕是周作人附逆後諸種言論的「中心思想」，無論書面文字抑或演講，都留下了這種曲折掙扎的痕跡。

日燕京大學文學會講演《聖書與中國文學》，1920 年 12 月 19 日在少年中國學會講演《宗教問題》，1922 年 5 月 30 日在北京女高師講演《女子與文學》，1923 年 3 月 3 日在清華學校講演《日本的小詩》等，涵蓋了周氏關注的日本文學、新村運動、婦女與兒童等問題。

〔註20〕 如 1942 年 12 月 8 日，周作人參加僞中華民國新民會青少年團中央統監部成立大會，任副統監，致開會辭《齊一意志，發揮力量》，載 1943 年 1 月《中國公論》8 卷 4 期。